人物叢書

新装版

シーボルト

板沢武雄

日本歴史学会編集

吉川弘文館

シーボルトの肖像（油絵。ベルリン日本学会蔵）

孫山脇たかの署名

シーボルト肖像（銅版画）

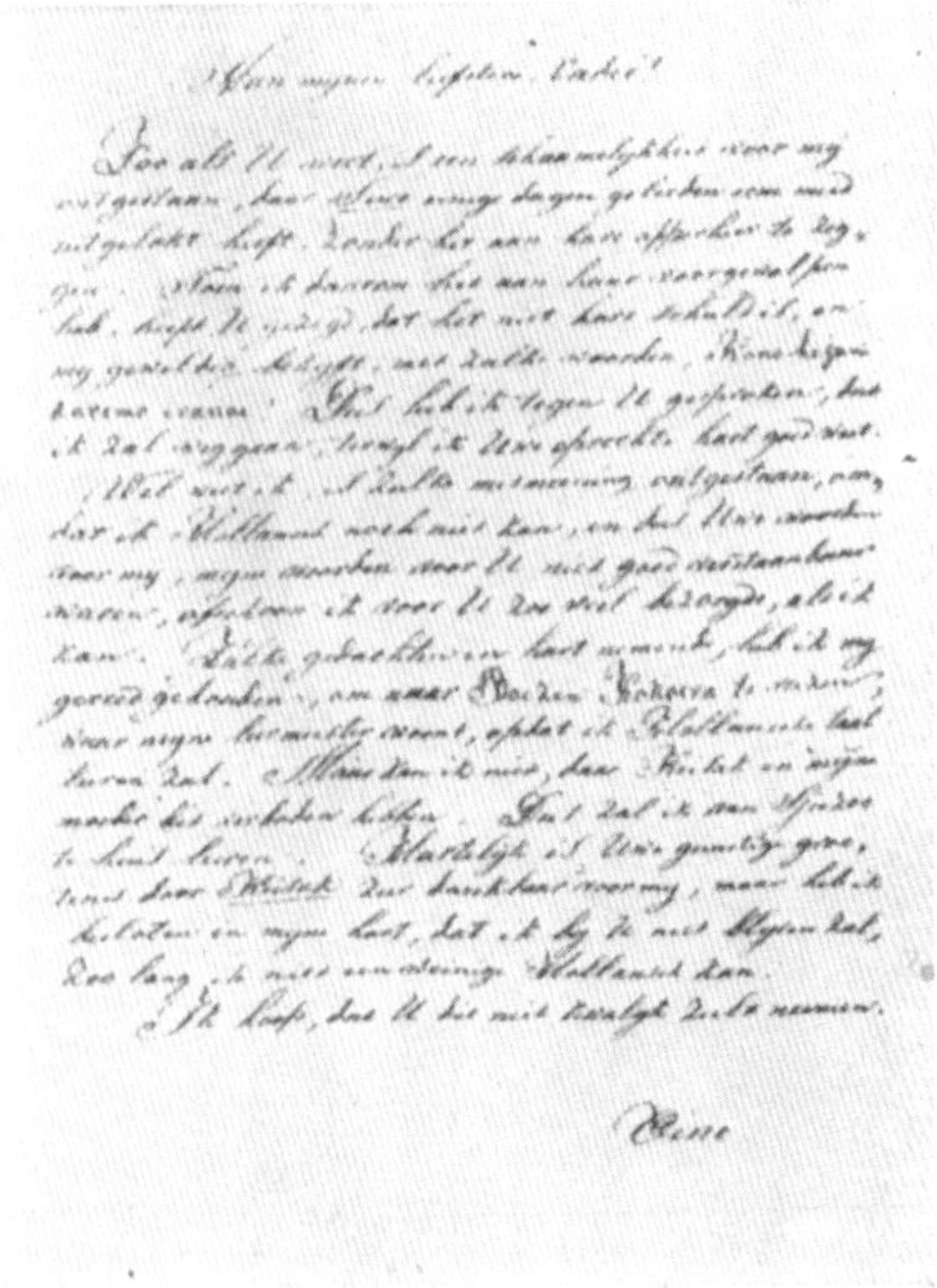

Aan mijnen liefsten Vader!

Oine

おいねよりシーボルトに宛てた蘭文書翰

はしがき

シーボルトといえば、たいていの日本人が名まえくらいは知っている。どういう人かと問われると、医者でしょうとか、植物学者でしょうとか、地理学者でしょうとか答えるのが、普通のようである。この小著は、彼の生涯をうちこんだ仕事は、日本を科学的に研究して、その成果を世界の学界に発表紹介することであったということに焦点をしぼって、その他の事業はその必然的なりゆきと考えて、書いたつもりである。日本人は彼によってはじめて科学的研究法を知ることができた。世界の人々は彼によってはじめて日本について信用するに足る広い知識をえた。このことは日本にとっても、世界にとっても幸いなことであった。彼は心から日本および日本人を愛した。したがってその開国、それにつづいた維新への変革という、日本のあらしの中にあって平和のうちに事が運ぶようにと心をくだいた。彼は多分に政治への関心もあり、またその方面の実行力もあった。本書はこういう方面をも見のがさないようにと、心をくばったつもりである。「日本人は決して恩を忘れない国民である。また決して不義をも忘れることはない。」といったシーボルトを、今日の日本人のためにはもちろん、明日の日本人のためにも伝えておきたいと思う。

本書を書くにあたって、呉秀三・ヘンストラ＝コイペル・小沢敏夫・黒田源次・入沢達吉・幸田成友・大久保利謙・緒方富雄・大鳥蘭三郎・箭内健次等の諸氏の著作に負うところが多く、感謝している。特に呉博士の大著のみちびきがなかったら、本書が生れ出なかったであろうことを鳴謝するものである。同時に「日本研究の成果」をはじめ、これまで紹介されなかった史料も若干加えたことをひそかによろこんでいる。最後にシーボルトの曽孫にあたる米山種氏から、いろいろ親切な教示にあずかったことを記して、謝意を表する次第である。

昭和三十五年四月

板沢武雄

目次

はしがき
日本渡来まで……一
オランダの政情……六
日本研究の使命……二一
鳴滝塾の俊英……二三
江戸参府……三七
出島の生活……五九
日本研究の成果……七九
I　日本についての記述資料……七九

II　日本の隣国の記述のための資料……八九
III　日本人の友人の協力による日本及びその隣接諸国の記述に役立つ資料……九二
シーボルト事件……九七
日本を去ってヨーロッパへ……一五〇
ヨーロッパ学界の歓迎……一五三
日本研究の仕上げと出版……一五七
各方面の優遇……一七六
日本開国への画策と貢献……一八一
再び日本へ渡来……二三五
日本における活動……二三一
シーボルトの帰国……二四九

シーボルトの子孫と遺品……二五六
ヨーロッパにおけるシーボルトの子孫……二七〇
日本におけるシーボルトの子孫……二七一
略　年　譜……二七三
シーボルト関係参考文献……二七八
第四刷補訂記……二八二
付表（補遺）……二八四
シーボルト関係オランダ・ドイツ地図……二八八

口絵

シーボルト肖像(油絵)……巻頭
孫山脇たかの署名……巻頭
シーボルト肖像(銅版画)……巻頭
おいねよりシーボルトに宛てた蘭文書翰……巻頭

挿図

シーボルトより母堂にあてた手紙の封筒の宛名……三
渡来当時のシーボルト……一七
鳴滝の全景……二六
シーボルトの江戸参府地図……三九―四二
最上徳内……五五
シーボルトの原稿に見える蝦夷島……五六
出島におけるシーボルトの住宅……六〇
旧ボイテンゾルフ植物園にある
シーボルトが送った日本の樹木……六六
シーボルトの用いた外科器具……七〇

シーボルトよりそのぎへの手紙……七四・七五
そのぎよりシーボルトへ送った手紙……七七
そのぎ……一五〇
おいね……一五一
ヘレーネ＝フォン＝ガーゲルン（婚約中、一八四四）……一五五
『日本植物志』の原稿……一六一
ビュルゲル筆『日本帝国年代記』の原稿……一六三
再渡来のシーボルトと長男アレキサンデル……二二六
三瀬周三……二三九
シーボルト記念像……二五五
楠本いね……二五八
山脇たか子……二六一
ツェッペリン家の家族……二六三
シーボルト展覧会記念写真……二六六

日本渡来まで

生涯

シーボルト Philipp Franz von Siebold は一七九六年二月十七日（寛政八年一月九日）に南ドイツ、バイエルンのウュルツブルグ Würzburg に生れ、一八六六年十月十八日（慶応二年九月十日）バイエルンの首府ミュンヘン München において永眠した。その七十年九ヵ月の生涯は、ほとんど十九世紀の三分の二を占め、賢明なる読者は興味ふかい世界史を脳裏《のうり》に描き出すだろうが、ヨーロッパにおいてはナポレオン戦争の後始末《あとしまつ》時代、日本においては文字通りの幕末であったとだけいっておく。

医学界の名門に生る

彼はドイツ医学界の名門に生れ、恵まれた学問的環境のうちで人となった。祖父カール＝カスパル＝フォン＝シーボルトはウュルツブルグ大学の解剖《かいぼう》学・外科学・

シーボルト家の家系

- Karl Kaspar von Siebold カール＝カスパル＝フォン＝シーボルト（一七三六—一八〇七）
  - J. G. Christoph von Siebold ヨハン＝ゲオルグ＝クリストーフ＝フォン＝シーボルト（一七六七—一七九八）
    Maria Apollonia Josepha マリア＝アポロニア＝ヨゼファ（一七六八—一八四五）
    - Ph. Franz von Siebold フィリップ＝フランツ＝フォン＝シーボルト（一七九六—一八六六）
  - J. Th. Damian von Siebold ダミアン＝フォン＝シーボルト（一七六八—一八二八）
  - J. Bartholomäus von Siebold バルトロメウス＝フォン＝シーボルト（一七七四—一八一四）
  - A. Elias von Siebold アダム＝エリアス＝フォン＝シーボルト（一七七五—一八二八）
    - E. Kaspar von Siebold エドゥアルド＝カスパル＝ヤーコップ＝フォン＝シーボルト（一八〇一—七一）
    - K. Th. Ernst von Siebold カール＝テオドール＝エルンスト＝フォン＝シーボルト（一八〇四—一八八五）
  - Clara von Siebold クラーラ＝フォン＝シーボルト（一七八〇—一八四八）

産科学の教授として有名な人であり、彼の父ヨハン＝ゲオルグ＝クリストーフ＝フォン＝シーボルトもまたウュルツブルグ大学の生理学教授として前途を嘱望《しょくぼう》されたが三十三歳で若死をした。叔父のアダム＝エリアス＝フォン＝シーボルトはウュルツブルグ大学・ベルリン大学の産科学教授として令名をはせた。その他一族は医学者でかたまっていた。シーボルトが父に死別した時は僅か三歳であって、母マリア＝アポロニア方の叔父ロッツに養われることとなった。

一八一五年二十歳にしてウュルツブルグ大

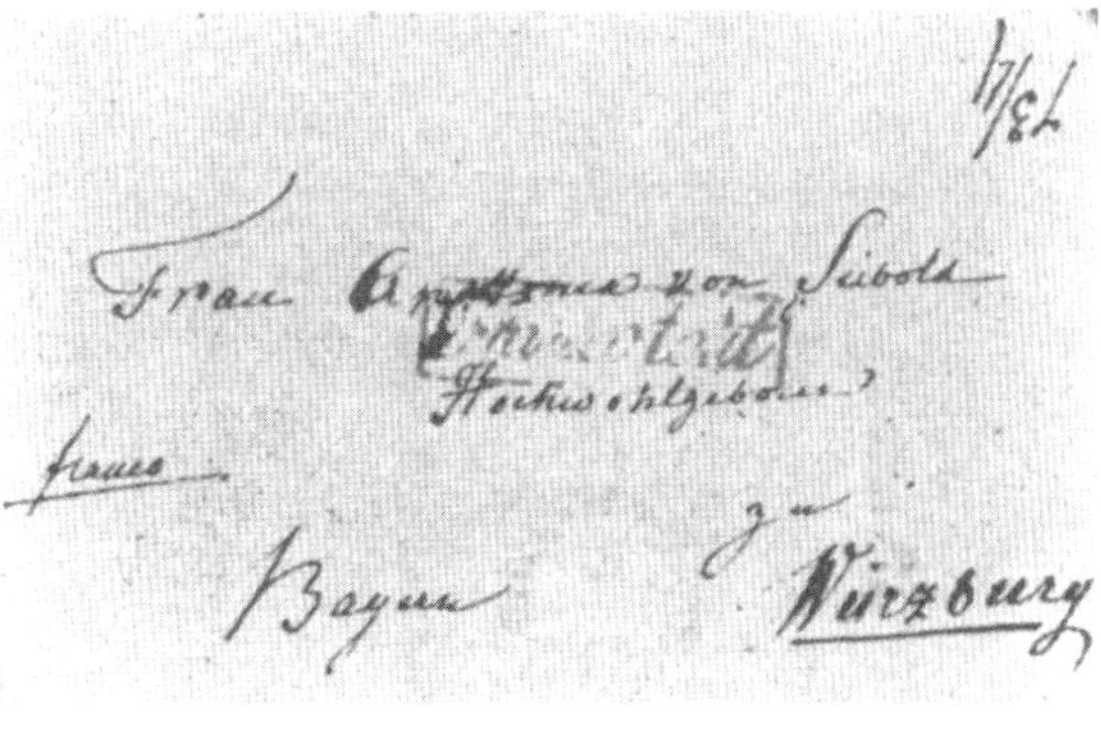

シーボルトより母堂にあてた手紙の封筒の宛名

東航

学に入り、医学を修むるかたわら植物学・動物学・地文学・人種学等を学び、また在学中一年半ばかり亡父の友人で同大学の解剖学教授であったデルリンゲルの家に寄寓し、師および同家に出入する多くの学者から薫陶《くんとう》をうけた。一八二〇年二十四歳で卒業、同時に国家試験にも及第してドクトルの称号をえた。卒業後ウュルツブルグの東南ハイディングスフェルドに開業したが、在学中より東洋研究の志があり、一八二二年(文政五年)オランダ国ハーグに赴《おもむ》き、父の門人でオランダ国王ウィルレム一世の侍医であったハールバウエルの斡旋《あっせん》により、七月二十一日蘭領東印度陸軍病院外科少佐に任命された。同年九月二十三日デ＝ヨンゲ＝アドリアナ号という四百トンばかりの帆前船《ほまえせん》に乗ってロッテルダムを出帆し、喜望峰経由、ジャワのバタビヤに到着したのは一八二三年四月の初旬のことであった。ジャワのウェルテフレーデン砲兵第五聯隊附となったが、一月も経《へ》ないうちに、日本の出島蘭館の医者として赴任《ふにん》するように命令された。

日本渡来

私はここでシーボルトの第一回日本渡来—一八二三年八月十一日（文政六年七月六日）より一八二八年十二月三十日（文政十二年十二月五日）に至る彼の使命を明らかにするために、十九世紀初期におけるオランダの政情を説く必要を認める。

オランダの政情

バタビヤ共和国

一七九五年フランス革命軍がオランダに侵入し、オランダ連合州総統オランエ公ウィルレム五世は英国へ逃れ、ついでバタビヤ共和国の出現を見た。かくて革命フランスの勢力下に加わったオランダはその翌年英国に宣戦した。英国はこの好機に乗じてオランダの植民地を奪取《だっしゅ》しようとして、喜望峰およびセイロン島を直ちに占領し、漸次《ぜんじ》ジャワおよびその附近の島嶼を除くオランダの属領を占領した。これより先、連合オランダ東印度会社は人事および財政上の腐敗が甚だしく、負債が重なり、遂にその存立が危殆《きたい》に頻《ひん》していた。一七九八年一月二十日バタビヤ共和国が該《がい》会社の全財産および負債をそっくり継承することとなり、その代り従来会社の有していた特権を無効にし、アジア領土管理委員会が植民地を管掌《かんしょう》することとなり、植民地統治の方針を自由主義によることとし、通商の自由を認めた。一八〇二年アミアン講和条約が英・仏の間に成り、バタビヤ共和国は英国の承認を得て、セイロン島を除く外の植民地を英国の手からバタビヤ共和国へ取りもどすことができた。この機会にナポレオン一世はオランダの東印度にある植民地をフランスの東方経営の根拠地にしようと計画をたてた。これは世界政策において優越的地位を誇る英国の忍ぶことの出来ないところであった。翌一八〇三年英・仏間の平和は再び破れると、英国は右のナポレオン一世の企てを粉砕《ふんさい》するため、また英国東印度会社の勢力を伸張《しんちょう》するため蘭領東印度の再占領を決意した。

オランダ王国

こえて一八〇六年四月五日バタビヤ共和国は変じてオランダ王国となり、ナポレオン一世の弟ルイがオランダ国王となった。貿易植民省はナポレオン一世の意に従って、ダンデルス将軍を喜望峰以東の全オランダ領土の総督に任命してジャワに派遣した。ダンデルスは一八〇八年一月五日バタビヤに着任した。当時英国は海上到る所においてオランダ人を威嚇《いかく》し、ジャワの土侯《どこう》らまたこの機会にたち上ってオランダ人の羈絆《きはん》を脱しようと欲し、ジャワにおけるオランダの主権は最大の危機にあった。また島内の財源は殆《ほと》んど涸渇《こかつ》し、それに加うるに英国海軍の封鎖に悩まされて貿易また沈滞して、気息奄々《えんえん》たる有様であった。ダンデルスは鋭意《えいい》改革に力《つと》めたが、やがてオランダ本国に政変が起り、一八一〇年七月ルイ＝ナポレオンが王位を去り、オランダ王国は名実共にフランス帝国に併合された（一八一三年まで）。一八一一年五月ダンデルスはヨーロッパへ召還され、ヤン＝ウィルレム＝ヤンセンス将軍が代って東印度の総督に任命された。

丁度この頃、英国の青年官吏で、つとに東印度に着目していたトーマス＝スタムフォード＝ラッフルスが英国東印度総督ミント卿に進言し、ジャワをフランス人の手から奪取する計画をたて、一八一一年八月四日バタビヤ附近に一軍を上陸させ、無抵抗《むていこう》のうちにこの地を占領し、ついでジャワおよびその附属地を英国のものとし、オランダ官吏には、英人統治のもとに従来の如くその職を奉ずることをゆるした。ラッフルスは一八一一年から一八一六年までジャワおよびその附属地の副総督として、ジャワの歴史上に一時期をつくる事績をのこすこととなった。まず蘭領東印度をジャワおよびその附属地、モルッカ諸島、スマトラ西海岸、およびマラッカの四行政区に分ち、また土民の負担を軽減するために、旧オランダ東印度会社の遺制である封建的服従並びに強制労役の大部分をやめた。また彼は日本貿易の有利なことに着目して出島商館の乗取りを企て、一八一三年（文化十年）英艦シャロッテ・マリアの二隻を率いてウィルレム＝ワルデナールを長崎に派遣した。しかし時の出島の商館長ヅーフはフェートン号事件に対する日本人の英人に対する憤怨《ふんえん》を巧みに利用して、毅然《きぜん》としてワルデナールの商館引渡の要求を拒《きよ》絶《ぜつ》した。かくて日本に関する限りラッフルスの企図《きと》は失敗に帰したのであった。

出島商館乗取りの計画

一八〇九年（文化六年）から一八一六年（文化十三年）までは長崎に蘭船の入港を

見なかった。

さて一八一三年ナポレオン一世はライプチヒに惨敗《さんぱい》するや、英国に亡命していたプリンス、ファン゠オランエは帰国して王位に即《つ》いてウィルレム一世と称した。一八一四年四月ナポレオン一世は帝位を退いてエルバ島に流され、ヨーロッパは平和に復した。英国の新興オランダ王国に対する政治的方針は、フランスに対する国策の遂行上から割り出されたものであった。すなわち英国はオランダ王国の独立を助け、ウィルレム一世をして今のベルギーまでも統治せしむることに成功したのであったが、その目的はフランスの北方にフランスに対する緩衝《かんしょう》地帯を確保せんがためであった。先に英国が蘭領植民地を占領した目的も、フランス人を印度洋から駆逐《くちく》せんがためであった。事実蘭領植民地の占領は英国に現実的利益を与えなかった。ジャワ島すら自《みずか》らの歳出を償《つぐな》うに足りない有様であった。

オランダ王国の成立

それ故、一八一四年八月十三日英・蘭両国はロンドンにおいて条約を締結し、英国は占領していた旧蘭領東印度をオランダに還付することとなった。

日本研究の必要

ここにおいてオランダは植民地の行政貿易に一大刷新《さっしん》を企て、新政策をたてようと欲し、その一つとして日蘭貿易の再検討を行うこととなり、それがために日本の国民・制度・国土・産物等の綜合的研究が必要とせられたのである。時の蘭領東印度総督ファン＝デル＝カペルレン男爵 Baron van der Capellen が学問に興味と理解とをもっていたことは、シーボルトにとって幸いなことであった。

和蘭《オランダ》が東印度の領地を回復したるとき、和蘭政府は植民地の国家制度と貿易制度とを新くすると同時に、其他の芸術と学問をも捗《はかど》らさんと懸命に努力したるが、此事業は蘭領印度の総督ファン・デル・カペルレンの保護と監督とによりて新らしき人民の移住と植物の栽培とは其他幾多の企業とともに栄え来りたり。(呉秀三博士訳『シーボルト江戸参府紀行』の一ページ)

日本研究の使命

日本到着

一八二三年六月二十八日（文政六年五月二十日）わがシーボルトを乗せた三本檣《マスト》の帆前船三人姉妹号 de Drie Gezusters がバタビヤを出帆し八月八日長崎に着き、八月十一日（七月六日）出島に上陸した。時にシーボルトは二十七歳、これより三十三歳まで、働き盛り、男盛りを日本ですごしたのである。

日本研究の規模

彼は蘭館附の医師であると共に日本研究の使命を帯びていた。彼が報告書に「此の国に於ける万有学的調査の使命を帯びたる外科少佐ドクトル＝フォン＝シーボルト」De Chirurgÿn Majoor, belast met het Natuurkundig onderzoek te Japan. Dr. von Siebold と署名している如く、日蘭貿易検討のため、日本の万有学的の調査研究が彼の使命であった。万有学的とは綜合的科学的研究を意味する。その中心は自然科学であることは勿論である。バタビヤ文書館一八二五年十二月二日附、在出島シーボルト発、蘭領東印度総督秘書官御中に宛てた報告書の内容は、(一)宗教(二)風俗習慣(三)法律及び政治(四)農業(五)所得及び税(六)地理及び地図(七)芸術及び学問(八)言語(九)自然研究(一〇)薬草学(一一)珍現象(一二)職員関係(一三)会計となっていて、終りの事務的な二項目を除いて見ると、その万有学的研究は実に広汎《こうはん》なものであった。そしてこれらの研究を遂行《すいこう》するために必要な図書・器械・薬品その他の費用も、これまで例を見なかった程多く支出された。

日本官憲への働きかけ

また日本側にも彼の使命が通告されていた。一八二四年すなわち彼の来日の翌年のものであるが、当時の商館長ストルレルから公文書で長崎奉行に願い出たものである。(呉秀三博士『シーボルト先生』乙編出島爪哇蘭語文書第五号、二九八ページ)

一八二四年十二月二十六日文政七年十一月十七日長崎奉行にしてまさしく尊敬すべき高橋

越前守様高橋越前守重賢へ

昔し和蘭《オランダ》人が日本人に教授致候医術殊に外科学、植物学、天文学、地理学が今日尚ほ伝習され居候はバタビヤ総督の熟知するところに御座候。然るに其時以来、和蘭本国にては従前嘗て知らざりし沢山の事柄発見被レ致候て、学文芸術は大なる進歩を遂げ申候故、従前和蘭人が日本人に伝授致候学文芸術には許多《きよた》の誤謬《ごびゆう》を伴なひ居《おる》べく被レ存候。由レ是《これにより》総督は其誤謬を訂正致候を任務として昨年ドクトル・フォン・シーボルトを当国へ派遣いたし候。是又一面には医術其他の科学を学習せんと志ざし候人々に適当なる教授を施し、蘭医に依りて治療を受けんとする方々には個人的医療奉仕をもなさんとする為めに御座候。ドクトル・フォン・シーボルトは医術殊に外科的手術、眼科学、婦人科学、植物学、物理学、地理学に精通致候て、和蘭国に於ても有名なる医者に御座候。右の次第に付、日本に於ける和蘭商館長たる下名《かめい》は昨年ドクトル・フォン・シーボルトの病人を往診致し、又は薬用植物を採取するために時々市内へ立入る事の允許《いんきょ》を要求致候。ドクトル・フォン・シーボルトは殆んど一ヶ年間当地に在レ之、内科の治療、外科の手術に従事致候て、沢山の病人を危篤《きとく》の境遇より救ひ出《だし》申候こと絶えず之あり、其為め日本の状況其他の事を一層よく了解せしは勿論、彼所此所《かしこここ》の区別なく多くの人々を治療致し候為めに、大に又経験を増し申候。

若しも帝室の侍医又は大名の抱医《かかえい》にして和蘭医師より療法の伝授を受けんと望み候人有レ之候はゞ、日本政府に多大の費用を煩《わずら》はすに不レ及して彼者《かのもの》をより永く此地に滞在せしめ可レ申候。斯《かく》の如くして迄、日本人を教導致度目的は二百五十年間和蘭が日本にて受け候多大の御恩誼《ごおんぎ》に対し致二報謝一度為に御座候。下名はバタビヤ総督の名を用ふるの自由を有して本状を閣下の前に拝呈するを光栄といたし候。

また一八二三年十一月十八日（文政六年十月十六日）すなわち日本に到着して三カ月になるかならないかの時、叔父ウュルツブルグ大学教授アダム＝エリアス＝フオン＝シーボルトに送った書翰に、

私は都合よく日本に来たと思ひます。唯今博物学及び医学の全範囲に亘つて飽くことなき勉強を続けながら、私の生涯中最も楽しい日を送つてゐます。世界中で一番特色ある此土地を研究することが私の肩上《けんじょう》に置かれたわけであります。来年になったら此国の医学―外科産科についての面白い報告をお送りしようと思ひます。さうして毎年それを続けて行きたいと思つてゐます。只私を助けてくれる画家を一人欧洲から来てもらひたい希望を有つてゐます。最近に論文を一つ書き上げました。De historiae naturalis in Japonia statu etc. といふのです。これは従来日本に関するどの文献にも記載してゐない二十五種の動物に関する記載です。此外なほ多くの動物学上の発見をいたしました。

植物学上の発見はもつと沢山あります。—私は此地で和蘭語で博物及び医学について毎週講義をしてゐます。私は六年以内には決して日本を去らないつもりです。日本に関する徹底的な記述を完成し、日本博物館、日本植物志を出すまでは。その暁には欧洲でも私共の家名に対して尊敬を払ふことと信じます。(日独文化協会『シーボルト研究』二四ページ、黒田源次博士鳴滝塾)

渡来当時のシーボルト
(川原慶賀筆)

とある。日本研究という使命に、この若いエネルギッシュな科学者が、名門シーボルト家の名誉にかけて野心的に、とりくんだ有様が想像される。

そして最も効果的に、最も科学的に日本研究をすすめるためには、出来るだけ優秀な日本人を使用して、出来るだけ正確な資料を、出来るだけ広い地域から蒐集《しゅうしゅう》することである。これがためには彼の表看板《おもて》である医者であるということが、日本の官憲に対しても、一般世間に対しても、彼を信用させる上に非常に役立ったに相違ない。その上、日本の事情も、彼のプランを実施するのに、もってこいの好条件をそなえていた。シーボルトの来日した文政六年といえば、前野良沢・杉田玄白らが『解体新書』の訳業をはじめた明和八年から五十二年後であった。

日本側のうけいれ態勢

今時、世間に蘭学といふこと専ら行はれ、志を立つる人は篤《あつ》く学び、無識《むしき》なる者は漫《みだ》りにこれを誇張す。その初めを顧み思ふに、昔、翁が輩《ともがら》二三人、ふとこの業《わざ》に志を興《おこ》せしことなるが、はや五十年に近し。今頃かくまでに至るべしとはつゆ思はざりしに、不思議にも盛んになりしことなり。

とは『蘭学事始』の書きだしの一節である。玄白がこの『蘭学事始』の執筆を思

天文台の事業と高橋作左衛門

いたったのは、文化十一年であった。はじめは民間の学問であった蘭学も、やがて公儀（幕府）の蘭学にとりたてられるようになった。浅草の天文台は公けには頒《はん》暦所《れきじょ》と呼んでいた。寛政の改革に当った老中松平定信・参政堀田正敦《まさあつ》のような蘭学に理解のある政治家が幕政の局に当ったから、勢い天文台の改革を企てられ、寛政七年には大坂の麻田剛立《あさだごうりゅう》の門人高橋作左衛門（至時 東岡）を天文方にとりたてて八年八月いわゆる寛政改暦の命を天文台に下し、翌九年十一月新暦を頒行《はんこう》した。この寛政改暦を契機として天文台に清新な学風が起り、フランスのラランドの天文書の訳業が企てられた。これは享和三年（一八〇三）参政堀田正敦よりラランドの蘭訳本を高橋至時《よしとき》に下げわたしてその取調べを命ぜられたのにはじまる。しかるに翌文化元年正月至時は四十一歳をもって歿し、四月長子作左衛門（景保、観巣、玉岡）が年二十歳で父の職をついで天文方となった。この作左衛門が後年シーボルト事件に坐して牢死するのである。とにかく天文台は活気づき文政六年ラランデの訳業が成った。

当時天文台の事業は天文・測地および翻訳事業であった。測地は寛政十一-二年頃よりはじまった蝦夷地測量、文化年間の伊能忠敬《ただたか》の沿海実測、文化三-四年にはじまった世界地図編纂事業であった。更に文化八年（一八一一）五月には作左衛門の建議によって新たに天文台に蛮書和解御用《ばんしょわげごよう》の一局を設け、外国文書の翻訳に当ることとなり、そして平日事のない時の仕事として『ショメル百科事典』の訳業がはじめられた。これが有名な『厚生新編《こうせいしんぺん》』訳述事業であって、馬場佐十郎・大槻玄沢・宇田川玄真・同榕庵《ようあん》らの蘭学者が幕府の学者として登用《とうよう》され、それによって蘭学者の地位は高められ、蘭学の発達・普及を促したのであった。シーボルトが丁度こういった時に来日したわけである。

山オランダ人

シーボルトはドイツ人で、オランダ人ではない。しかし少なくとも日本人に対しては、どこまでもオランダ人でおし通した。シーボルトのオランダ語のあやつり方がおかしい。シーボルトがほんとうのオランダ人ではないと言い出したのが通詞《つうじ》であった。しかしシーボルトは通詞らの地理学的知識の不充分なのをいいことにして、オランダ人にもニーダードイツ（低地オランダ人）とホッホドイツ（高地オランダ人）がある、自分は後者すなわち「山オランダ人」であると説明したという。

精力絶倫の偉丈夫

シーボルトの肖像を見るに、いかにも精力絶倫の偉丈夫《いじょうぶ》という感じをうける。その天性に加うるにゆたかな教養を身につけて、日本人の前にあらわれた彼は、たちまち日本人から尊敬をもって迎えられたことが想像される。

阿蘭陀《オランダ》人五年に一度、江戸石町《こくちょう》長崎屋源衛門方に来れることとなるに、文政の末に来れる蘭人カピタン雄壮なる人物にて、坐右《ざゆう》に長劍を掛けあり、戦場にも出《いで》たりと云ふ。（中略）この時の医はシーボルトといひて、その勢ひあることカピタンは遠く及ばず、余《よ》通事吉雄《よしお》忠次郎知る人なれば、しば〴〵往《ゆき》て見たりしが、シーボルトの部屋十畳ばかり、正面に椅子《いす》に凭《よ》りゐたり、顔色白く、隆鼻《りゅうび》、深目《しんもく》、なか〳〵たゞ物にあらず見えたり。頭髪白髪交りにて襟《えり》のあたりまで垂れ、うしろに帽子を被《かぶ》りてありしが、イギリスの帽に異ならず。その時も本国はたしかに聞ざりしが、物産学のために世界を経歴するよしにて、殊に物産に精《くわし》く、かつ外科も上手と云、席上に種々の物ならべあり、いつも忠次郎その席に居たり。至て人出入多し。（呉博士『シーボルト先生』九一八ページ所引鍋島望城の『夜談録』）

その体の大きかった一つの証左《しょうさ》として武藤長蔵博士が、大阪の小山氏がシーボルトの愛子楠本いね子より貰いうけた白地チョッキを蔵していたが、胸囲四十四インチ、腹囲四十インチ、背長二十二インチばかりあったといっている（長崎新聞六七二五）。

鳴滝塾の俊英

余が千八百二十三年出島に到着したるとき、余は暫時《ざんじ》の後、前に述べたる和蘭商館の長ヤン・コック・ブロムホフの紹介にて、当時長崎にありたる医師と近付になれり。その間には江戸の名ある医師湊長安《みなとちょうあん》、阿波の人美馬《みま》順三、三河の人平井海蔵、岡研介《けんかい》等の医師、万有学者ありたり。皆和蘭より新来の医師、万有学者の名をきゝて、これに長崎に引付けられたるなり。長崎奉行たる高橋越前守の特別なる好意によりて、この人々は皆出島にて余の教を受くることを許されたり。また余は此人々と共に長崎市外に病人を往診し、長崎近傍に薬草を採集するを許されり。余の学術研究は之によりて広くなり、日本人との交際は之れによりて開かれたり。吉雄《よしお》権之助・稲部《いなべ》市五郎・石橋助左衛門・楢林《ならばやし》鉄之助・茂土《しげ》岐次郎・名村三次郎其他二三の有為《ゆうい》なる通詞は此人々に根本的研究の要津《ようしん》たる和蘭語を教へたり。（中略）チュンベリーを見知れりと云ふ徳望ある老人茂伝之進、町年寄の上席たる菅原碩次郎《せきじろう》も欧羅巴《ヨーロッパ》学問の庇護者にして、余等に日本学者との交通に便宜を与へたり。二三の成功したる療治手術は蘭医の名声を高くし、門人は日に日に其数を加へ、其中には遠き地方の才識ある若き人々ながら、長崎にて生活するには資金乏しきものもありしかば、余は其の人々の万有学其他の研究に役立つを見込んで、中にも優れたる二三人—名は今故《こと》さらに秘す—には密かに余の用務をなさしむるため、我《わが》老伝之進の家の隣にて鳴滝《なるたき》の渓間《たにま》なる絶勝の地に置かれたる余の村荘又別墅《べっしょ》に居らしめたり。鳴滝は暫時《ざんじ》にして欧洲の学術を尊崇する日本人の集合所となり、順三と研介とは此《この》余が興《おこ》せし塾舎の最初の教師となれり。この区々たる一小天地より科学的開発の新光明は四方に放射し、此光明によりて吾人の日本国との聯絡は宏大となれり。余がこゝに門人と称へ得る人々は皆此処《このところ》にて欧羅巴的学問の基礎を据《す》え、吾人の研究に多大の助力を与へたるなり。（呉博士訳『江戸参府紀行』二七八―八二ページ）

はじめは出島のオランダ屋敷内で医学・万有学の講義をした。出島に出入することは掛りの役人以外は厳禁で、たまに大目に見のがされた人々は通詞の従者としてであった。シーボルトの来日当時の奉行は高橋越前守（重賢、三平、文政五年六月より同九年九月まで）といって、彼のために好意をもっていろいろ便宜をはかった。また当時の商館長ブロムホフ **Jan Cock Bromhoff** は、一八一八年（文政元年）十二月六日から一八二三年（文政六年）十一月二十日まで在任し、新任商館長デ＝スチュルレル **Johann Willem de Sturler** 少佐と交代するに際して、総督カペルレンの指令をうけてシーボルトの日本研究の使命達成のために、特別な便宜を与えられるよう長崎奉行を通じて幕府に働きかけた。その結果が日本人の或るものの出島に出入することも、また

鳴滝の様子

鳴滝の全景

シーボルトが長崎市外に病人を往診し、長崎近傍に薬草を採集することも許された。やがて鳴滝に塾舎を開設するに至った。これについては呉博士の詳細な記述（『シーボルト先生其生涯及功業』八九―九二ページ）と黒田源次博士の研究（日独文化協会編『シーボルト研究』所収黒田博士の「鳴滝塾」二一一―六〇ページ）に負うところが多い。

　鳴滝は長崎市街地の北にあたり、昔の江戸街道を北にとり、桜馬場より鳴滝川という小川について左に折れ七面山への道を入れば一町ばかりして鳴滝という小滝があり、これより川についてさかのぼること二町ばかりでシーボルトの鳴滝塾舎の址《あと》に至る。ここはもと諏訪神社の祠宮青木永章の別荘があった。文政七年の頃、シーボルトが奉行の許可をえて、町年寄久松碩次郎・通詞中山作三郎・同茂《しげ》伝之進らの斡旋《あっせん》によって、日本人（通詞某）の名義で二町ばかりの土地と家屋を購入して、ここで病人を診療したり生徒に講義をしたりした。

此鳴滝家塾はすべて日本造りにて、内部の設備には西洋風を加味し、周囲には生垣《いけがき》を繞《めぐ》らしたり。その建物は母屋《おもや》二棟、別屋三棟あり。母屋の一つは門を入りて突当りにあり。二階建にて、階上八畳階下十畳余、ともに板敷とし、縁側に玻璃《はり》障子を立て、室内に椅子、卓子《たくし》を備へたるが、こゝはシーボルト先生の読書室又研究室として使用せられ、種々の研究材料又は和洋の図書を置きたり。此二階建の左手に第二の母屋として平家建の一棟あり。十畳程の部屋二ツあり。これも板敷とし、縁側に玻璃障子を立て、内には椅子、卓子を備へつけたるが、ここは先生の居室にして、同時に塾生の教養所、病人の診療所に宛てられたり。二階家の裏手に書庫あり。なほ又裏手にマアカン部屋 Makan は馬来語にて食物のことなり と称へたる台所あり、同二階屋の右手には物置小屋ありたりといふ。構内に二ツの井戸ありたるが、今も其跡を残せり。その一ツは台所にありしもの、又一ツは診察室の裏手にありしものなり。建物の後は城ノ古址 長崎の開基者長崎小太郎貞綱の鶴ノ城の古址 の邱《おか》続きとなり、その一部は竹林をなし又大小の立樹《たちき》密生したり。先生は建物の周囲なる空地、屋後の丘の上には草樹を植え付けて研究の資料とし、室内に珍らしき手術器械薬品等も所狭きまでに並べ置きたるに対し、みぎの庭園邱上には九州各地の植物はもとより、阿蘭陀より取寄せたる異国の草花をもあちらこちらと植付けたり。（中略）

シーボルト先生が出島を出でゝ鳴滝の校舎に臨むは大抵一週間に一回を例とし、その相間《あいま》〳〵に於て楢林、吉雄二氏は他の諸医師と相談を遂げ、険悪な

遠近より集まり来た俊英

る病症にして診断治療に困難なるものを集め置き、先生の来らるゝを待ちて居り、先生はその病人を見、一々病症を説明し、診断の仕方、治療の方法を講じて、終りにはその処置をなし、大手術を要する患者あるときは、先生より蘭館長に申立て、その承認を得て、更に奉行所に願ひ出で、その許可を得たる後、鳴滝校舎にて手術することとせり。腹水穿刺《せんし》を最初の手術として、腫瘍《しゅよう》切除その他外科、眼科、産科、婦人科の諸手術並びに内科的処置は容易ならぬ難病を平癒せしめ、幾多の人命をいと危き瀬戸際に救ひたることとなれば、先生の名は忽ち神の医、奇《くす》しき医師 Wunderarzt として喧《かまび》すしく四方に伝はり、近くより遠くより医者も学者も病人も皆新来の大医 Meester を慕ひて集《つど》ひ来れり。此時シーボルト先生に就きて教を受けしは長崎に於ける医師吉雄幸載・楢林《ならばやし》栄建・同宗建、同長崎に於ける通詞西慶太郎・轟《とどろき》武七郎を初めとして、江戸の湊長安・五十嵐其徳、阿波の美馬順三、三河の平井海蔵、周防の岡研介・同泰安、陸奥の高野長英、出羽の小関三英、遠江の戸塚静海、越中の竹内玄同、加賀の黒川良安、肥前の伊東玄朴、長門の青木周弼《しゆうすけ》・同研蔵、阿波の高良斎《こうりようさい》、伊予の二宮敬作、筑前の武谷元立・百武《ひやくたけ》万里・有吉周吉・原田種彦、備前の石井宗賢・児玉順蔵、備中の石坂桑亀、豊前の工藤謙同、水戸の本間玄調、尾張の伊藤圭介、安芸の日高凉台《りようたい》・西道朴《にしどうぼく》・水野玄鳳《げんぽう》、肥前の大石良英《りようえい》・大庭雪斎《おおばせつさい》、豊後の日野《ひの》鼎哉《ていさい》・賀来《かく》佐一郎、越後の森田千庵等いづれも日本国中より先生の名声をきゝて笈《きゆう》を負ひて来りし人々なり。中にも美馬順三は最初に入門したる人にて、岡研介とともに鳴滝塾の最初の都《と》講《こう》として、後には高良斎等も加はりて、常に鳴滝の校舎にありたり。（呉博士『シーボルト先生』八九—一九五ページ）

黒田博士は門人の年齢について注意をむけられて、「約三十歳から二十歳までの人々であつたことがわかる。即ち今日から見ても既に出来上つた人達であるといへる。況んや修業年月の早かつた当年に於てをやである。」（前掲論文三八ページ）と指摘された。

門人に課して提出させた蘭文論文

次にシーボルトが門人に課題を設けて蘭文の論文を提出せしめた。これは学問上の問題点はどういうところにあるか、それを研究するのにどういう研究法があるか、それをどういう風に叙述したらよいかという、学問研究の方法論を伝授しシーボルトが彼の研究に著述にそれら日本人の論文を大いに利用しているのである。また成績優秀な門人に対してはこれに対しドクトルの免許状を与えている。この事については緒方富雄博士をはじめ大鳥蘭三郎・大久保利謙・箭内《やない》健次の諸氏の共同研究になる「門人がシーボルトに提供したる蘭語論文の研究」（『シーボルト研究』六一一―二七四ページ）に詳しい。以下それによって大綱《たいこう》を紹介する。

一、美馬順三稿「日本産科問答」

一八二三年十月頃より翌年にかけて完成、提出され、一八二五年のバタビヤ学芸協会雑誌第五〇号に発表。シーボルトの質問に対して賀川流の産説に基づいて答えたものである。

二、高良斎稿「生理問答」

日本の男女の平均年齢、日本の女子の月経初潮年齢等七問に対する答。日本住民に関する質問に対して、「かゝることは先生に尋ねられて始めてその存在を知つた。それ故それに就いてはお答へは出来ぬ」といっていることは、当時の日本学界の知見を知る上に注目すべきことであろう。

三、其一、高良斎稿「日本疾病志(シーボルト加筆草稿本)」

まとまった医学論文であるが、らい病とタヌキツキの項が特に詳しい。他は内容に特記すべき程のものがない。

三、其二、高良斎稿「日本疾病志(清書本)」

四、美馬順三 戸塚亮斎 石井宗謙訳「灸法略説」

江戸の奥鍼医《はりい》石坂宗哲著『鍼灸知要一言』を分担蘭訳したものである。

五、桂川甫賢訳「花　彙」

幕府の侍医桂川甫賢が島田雍南《ようなん》・小野蘭山著の『花彙』を蘭訳したものである。

六、石井宗謙訳「日本産昆虫図説」「日本産蜘蛛図説」

尾張の本草家大河内存真の『日本産昆虫に就いての略記』、及び著者不明（尾張の本草家であろう）の『日本産蜘蛛《くも》の記述』について共に石井宗謙の蘭訳したものである。

七、高野長英稿「日本に於ける茶樹の栽培と茶の製法」

シーボルトの『日本』中に同名標題の一章あり。この論文はその根幹をなしたことは明らかである。

八、戸塚静海訳「製塩法」

瀬戸内の某所における製塩法について相当具体的に説いている。

九、高野長英訳「飲膳摘要」

小野蘭山の著『飲膳摘要』の蘭訳。

一〇、伊藤圭介稿「勾玉《まがたま》記」

近江の愛石家木内石亭の『曲玉問答』により大体書かれている。

一一、美馬順三訳「日本古代史」

『日本書紀』神代巻および神武天皇紀をもととして記述したものである。シーボルトの『日本』の第三部中の歴史部の初めの部分にこの論文が利用されている。

一二、岡研介訳「大和事始」

日本における学芸、万物の起原を述べた貝原益軒の『大和事始』の抄訳である。

一三、高野長英訳「都名所車」

『都名所車』は著者不明、京都における寺社の記述である。長英の序文の終りに「文政十一年八月二十三日　日本長崎に於いて」とあり、シーボルトの帰国予定の年であった。

一四、高野長英訳「南島志」

新井白石の『南島志』等を参考して琉球のことを記述したもので、シーボルトの『日本』に含まれる琉球記事の重要素材をなした。

一五、鈴木周一稿「日本貨幣考」

近藤守重著『金銀図録』等を参考して日本貨幣について簡略に説明したものである。

なお著者たちは右の研究論文の末に、日本学会所蔵シーボルト門人蘭語論文目録をつけている。右に紹介したほかには、石井宗謙の「新法令記」、クマヤ（未詳、高野長英の筆蹟である）の「藍染に関して、早稲播種《はしゅ》法」、高良斎の「日本産の松の種類の略述、支那産橄欖《かんらん》に就いての記載」「二三の日本本草書目録」「日本にて知られてある総べての野生人参についての図説」「テマリバナ」、高野長英の「花や枝を巧みに瓶に挿す法」「日本婦人の礼儀作法・婦人の化粧・結婚風習に就いて」「江戸の神社仏閣案内記」「日本及び支那の医薬に関する略記」「都より江戸への旅行案内記」「日本古代史断片」、美馬順三の「日本の神祇崇拝の由来に就いて」、吉雄権之助の「日本の時の唱へ方に就いて」「琉球島記断片」、吉雄忠次郎・吉雄権之助の「神事概要」、著者不明の「蝦夷風俗図の解説」「家具及び其他の道具に関する記載」「日本への支那人の航行に就いての問に対する答」「狸に就いて」があある。

江戸参府

商館長の江戸参府

シーボルトの日本研究は長崎における研究のほかに江戸参府という機会を利用した。商館長の江戸参府とは、蘭人が通商免許の御礼のために江戸に上って将軍に拝礼して方物《ほうもつ》を献じたことで、御礼参り・参礼・拝礼・参府などいい、オランダ語で De **hoofreis** naar Jedo といった。慶長十四年にはじまり、毎年参府するようになったのは寛永十年（一六三三）からで、その後は特別の事情によって中止されたこともあったが、嘉永三年（一八五〇）まで二百十八年間に百六十六回の参府を算《かぞ》えることができる。寛政二年（一七九〇）からは五年目に一回と改められた上、事故もあり後になる程回数が減じているのである。長崎―江戸間を長くかかったときは百四十三日（文政九年）から百二十八日（享保二十年）百二十七日（文化元年）百二十一日（嘉永三年）というふうに百日以上かかったこともあり、短い時は六十七日（元禄元年）で往復したこともあったが、普通は九十日内外の日数を要した。長崎―下ノ関間ははじめは海路によったが、万治二年よりはその大部分を陸路にとり、これを短陸路 de korte landweg といい、下ノ関より兵庫までは海路、室《むろ》で上陸して大坂に至ることもあった。兵庫より大坂・京都を経て東海道によって江戸までの道中を大陸路 de groote landweg と称した。

シーボルトの江戸参府

シーボルトの江戸参府は百六十二回目で、一行は、商館長デ＝スチュルレル Johann Willem de Sturler、随員外科少佐シーボルト、薬剤師（筆者として）ビュルゲル Heinrich Bürger、附添大通詞末永甚左衛門・小通詞岩瀬弥十郎、使節の私用通訳として名村八太郎、それに荷物宰領とかオランダ人一行のため七人の小使、二人の料理人、日本人一行のため三十一人の小使、五人の賄方《まかないかた》など、総員すべて五十七人であった。このうちにはシーボルトが調査の補助として高《こう》良斎、画家川原登与助（慶賀）、植物を乾かし、獣の皮を作ることなどのための弁之助・熊吉、園丁、および三人の書生すなわち二宮敬作・ショーゲン・ケイタロウを通詞の従者という名義で一行に加わらせた。一八二六年二月十五日（文政九年正月九日）出島を出発、七月七日帰着まで所要日数百四十三日であった。左に行程を示す。

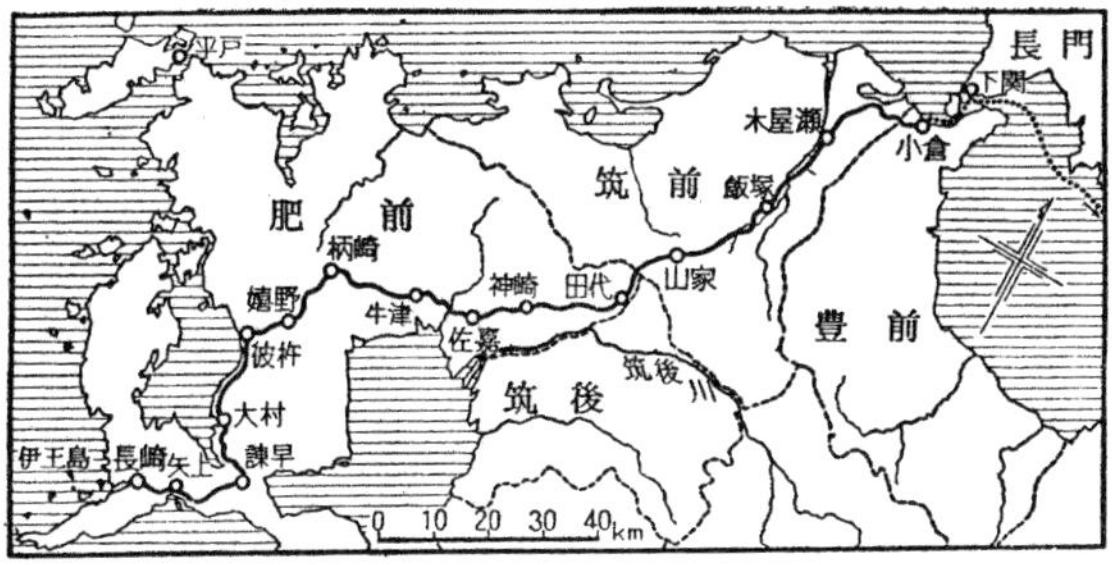

1 二・一五（正・九） 出島—諫早《いさはや》一向宗の寺 晴

2 二・一六（正・一〇） 諫早—大村—彼杵《そのぎ》 晴 大村にて真珠の採獲について。蕗及び疱瘡よけの注縄。

3 二・一七（正・一一） 彼杵—嬉野《うれしの》—柄崎武雄 二瀬の樟樹。嬉野で温泉のこと。小田の馬頭観音の護符。

4 二・一八（正・一二） 柄崎—佐嘉《さが》—神崎《かんざき》一向宗の寺 晴

5 二・一九（正・一三） 神崎—山家《やまや》黒田侯別館 晴 筑後川流域における米作、二度作のこと。櫨と蠟燭のこと。饂飩の製法。肥前の陶土のこと。獺のこと。

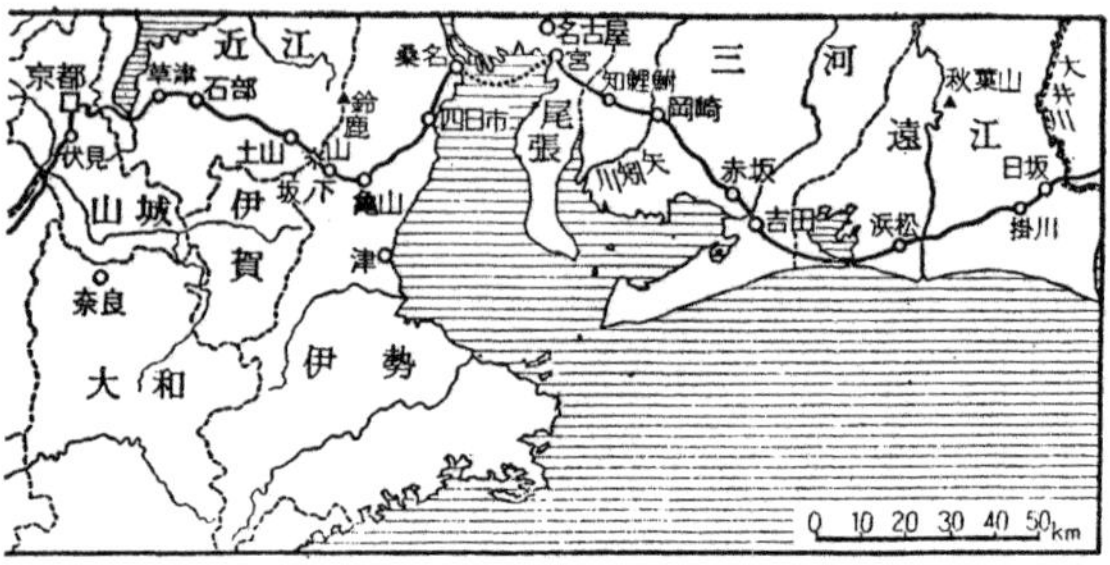

6	二・二〇(正・一四)	山家—木屋瀬《こやのせ》	雨	山谷の天産物蒐集館のこと。日本の四季の花卉のこと。雉のこと。
7	二・二一(正・一五)	木屋瀬—小倉	雨	渡鳥の捕獲のこと。
8	二・二二(正・一六)	小倉—下関 佐甲家	晴	小倉市場の鳥類。城下町小倉のこと。
9	二・二三(正・一七)	下関	晴	下関海峡の図。蟹の眼。
10	二・二四(正・一八)	〃	晴	早鞆の岬。阿弥陀寺。安徳天皇陵。
11	二・二五(正・一九)	〃	晴	
12	二・二六(正・二〇)	〃	晴	長門・周防より門人・知人来訪。病人の診療。幾多の手術。
13	二・二七(正・二一)	〃	晴	下関の西部竹崎。六連島。捕鯨業者との会談。「薬品応録」。
14	二・二八(正・二二)	〃	晴	
15	三・一(正・二三)	〃	晴	正午過ぎ乗船。
16	三・二(正・二四)	船中	晴	出帆、本州四国九州間の多島海。
17	三・三(正・二五)	〃	晴	
18	三・四(正・二六)	〃	晴	三原に碇泊。屋代島の牛首崎にて象の臼歯の化石を得た。
19	三・五(正・二七)	〃	晴	讃岐の琴平山・塩飽島を望む。日比(ひみ)に碇泊。

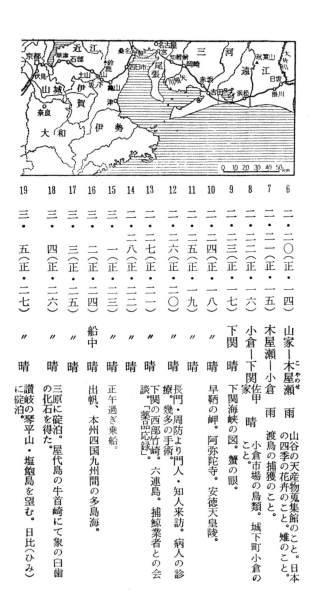

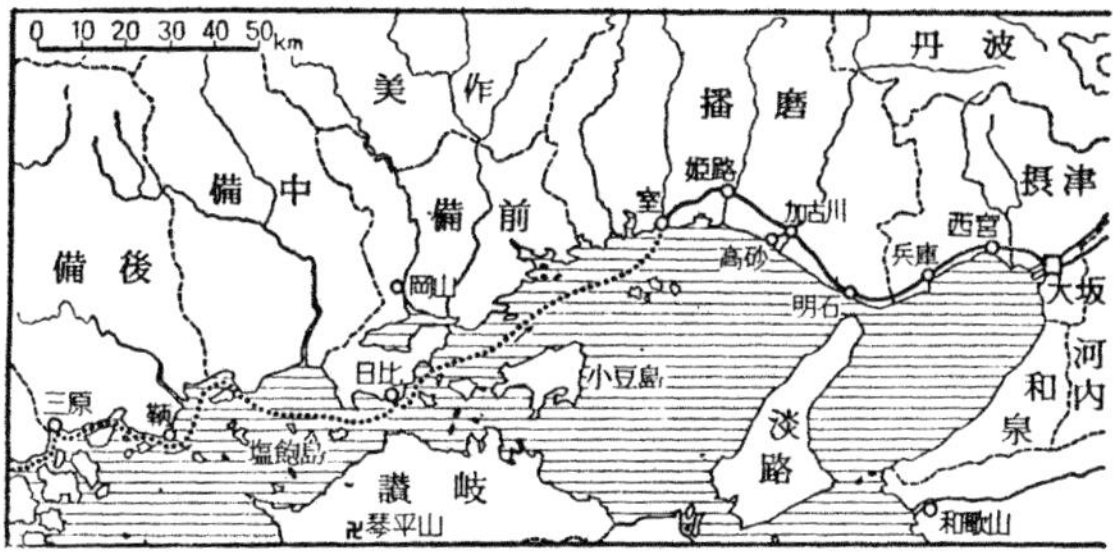

20	三・六(正・二八)	船中	晴	向日比、日比塩田見学。
21	三・七(正・二九)	〃	晴	小豆島を望み、室津《むろのつ》上陸、宿泊。
22	三・八(正・三〇)	室滞在	晴	室の旅館・妓楼・革細工のこと。
23	三・九(二・一)	室—姫路	晴、夜雪	肥料・えた・非人・白鷺・雲雀。
24	三・一〇(二・二)	姫路—加古川	雪	姫路城。高砂の角力者。
25	三・一一(二・三)	加古川—兵庫	晴	兵庫の侍医診療。
26	三・一二(二・四)	兵庫—西宮《にしのみや》	晴	楠公の碑。
27	三・一三(二・五)	西宮—大坂	吹雪	大坂の医師多く来訪。
28	三・一四(二・六)	大坂	晴	
29	三・一五(二・七)	〃	晴	花さく植物。動脈瘤その他。
30	三・一六(二・八)	〃	晴	飛脚のこと。
31	三・一七(二・九)	大坂—伏見	晴	
32	三・一八(二・一〇)	伏見—京都 海老屋	晴	小森肥後介・新宮涼庭・美馬順三の兄弟来訪。
33	三・一九(二・一一)	京都	晴	肥後介・小倉中納言の来訪。

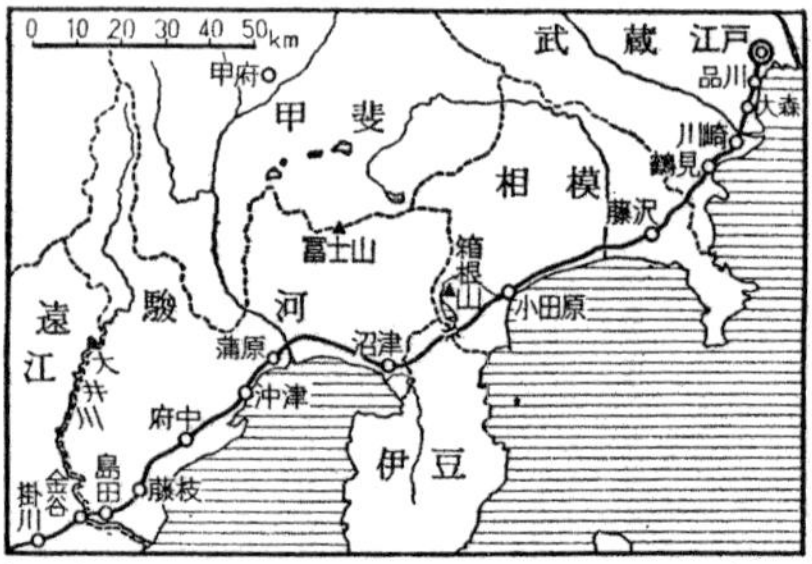

34 三・二〇（二・一二） 京都 晴

35 三・二一（二・一三） 〃 晴 京都は日本の美術工芸の中心であること。

36 三・二二（二・一四） 〃 晴 京都の天文台・人口。

37 三・二三（二・一五） 〃

38 三・二四（二・一五） 〃 晴

39 三・二五（二・一六） 京都—草津 晴

40 三・二六（二・一七） 草津—土山 晴 梅木村の売薬。

41 三・二七（二・一八） 土山—四日市 晴 鈴鹿山の山椒魚。

42 三・二八（二・一九） 四日市—佐屋 快晴

43 三・二九（二・二〇） 佐屋—宮—池鯉鮒《ちりふ》 宮に水谷助六・大河内存真・伊藤圭介ら来訪。

44 三・三〇（二・二一） 池鯉鮒—吉田 晴 矢矧橋。

45 三・三一（二・二二） 吉田—浜松 晴 鉄雲母の採集。

46 四・一（二・二三） 浜松—掛川《かけがわ》 曇 雨空 秋葉山。ヘンミーの墓。

47 四・二（二・二四） 掛川—大井川—藤枝 晴 大井川。

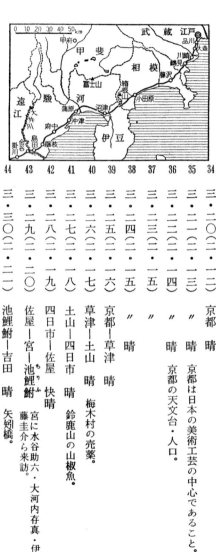

48 四・三(二二・五) 藤枝―府中《ふちゅう》(静岡) 晴 寒 藤枝にて軟骨魚類の皮をみる。

49 四・四(二・二六) 府中―沖津《おきつ》(興津) 強雨 興津に漂着した中国ジャンクのこと。鶉。製紙のこと。

50 四・五(二・二七) 沖津―蒲原 晴

51 四・六(二・二八) 蒲原―沼津 快晴 富士山。原植松氏の庭園。

52 四・七(二・二九) 沼津―箱根山―小田原 快晴 箱根の富士測定。中津侯の臣神谷源内、一行を迎う。

53 四・八(三・一) 小田原―藤沢 晴 旅館ふさがり青楼に宿す。

54 四・九(三・二) 藤沢―川崎 雨 晴

55 四・一〇(三・三) 川崎―江戸 晴 大森に薩摩・中津両侯、品川に桂川甫賢・宇田川榕庵ら出迎う。

56 四・一一(三・四) 江戸 晴 桂川甫賢・大槻玄沢ら来訪。但し刺《し》を通ずるのみ、面会は許されない。夜、吉雄忠次郎夫妻・カイトら来訪。

57 四・一二(三・五) 〃 終日荷解き。

58 四・一三(三・六) 〃 桂川甫賢・宇田川榕庵ら来訪。幕府の医官の階級。

59 四・一四(三・七) 〃 晩、中津侯・島津侯の正式訪問あり。

60 四・一五(三・八) 〃

61 四・一六(三・九) 〃 最上徳内と会い、蝦夷地・樺太に関し有益なる知識を得た。

62 四・一七（三・一〇）〃 桂川甫賢・大槻玄沢と会談。
63 四・一八（三・一一）江戸 天文方高橋作左衛門来訪。
64 四・一九（三・一二）〃 桂川甫賢来訪。
65 四・二〇（三・一三）〃 眼の解剖および眼科の手術につき講義。地震あり。
66 四・二一（三・一四）〃 今日迄毎朝最上徳内と蝦夷語の編次にすごす。将軍の若君死亡により謁見日延となる。石坂宗哲来訪。
67 四・二二（三・一六）〃
68 四・二三（三・一七）〃 幕府の医官に痘瘡及び種痘の説明をする。
69 四・二四（三・一八）〃 天文方諸氏・友人・知人等多数来訪。
70 四・二五（三・一九）〃 開腫手術を見せた。栗本瑞見植物・動物の図を示す。
71 四・二六（三・二〇）〃 兎唇手術。種痘。
72 四・二七（三・二一）〃 二人の子供に種痘。
73 四・二八（三・二二）〃
74 四・二九（三・二三）〃 天文方諸氏来訪。
75 四・三〇（三・二四）〃

76 五・一（三・二五）〃 登城謁見。
77 五・二（三・二六）江戸 登城。町奉行・寺社奉行を訪問。
78 五・三（三・二七）〃 幕府の侍医・地方藩士の来訪。下級日本人との交際。
79 五・四（三・二八）〃 暇乞のため登城謁見。江戸についての詳しい記述。
80 五・五（三・二九）〃 薩摩侯の来訪。天文方の人々・将軍の医官等来訪。
81 五・六（三・三〇）〃
82 五・七（四・一）〃 高橋作左衛門来訪、エゾおよびサガレンの地図を示す。
83 五・八（四・二）〃 幕府医官多数来訪。
84 五・九（四・三）〃
85 五・一〇（四・四）〃
86 五・一一（四・五）〃
87 五・一二（四・六）〃
88 五・一三（四・七）〃
89 五・一四（四・八）〃
（84〜89）友人・知人多数来訪。

90 五・一五（四・九）〃　高橋作左衛門来訪、日本のいと見事なる地図を示す。

91 五・一六（四・一〇）江戸

92 五・一七（四・一一）〃

93 五・一八（四・一二）江戸—川崎　晴　大森に薩摩老侯と会談す。

94 五・一九（四・一三）川崎—藤沢　晴　川崎・鶴見辺の梨棚。

95 五・二〇（四・一四）藤沢—小田原　晴

96 五・二一（四・一五）小田原—三島　曇　最上徳内とは江戸よりここまで同行したが此日別れた。

97 五・二二（四・一六）三島—蒲原　曇

98 五・二三（四・一七）蒲原—府中　晴

99 五・二四（四・一八）府中—日坂《にっさか》　晴　府中—藤枝間で植物を採集。

100 五・二五（四・一九）日坂—浜松　曇　戸塚亮斎（静海）の兄来る。

101 五・二六（四・二〇）浜松—赤坂　晴　夜おそくまで採集した植物の検査と乾腊（おしば）をなす。

102 五・二七（四・二一）赤坂—宮　豪雨

103 五・二八（四・二二）宮—四日市　晴

104 五・二九(四・二三) 四日市―関 晴

105 五・三〇(四・二四) 関―石部 強雨 坂の下にて動物・植物・鉱物をえた。

106 五・三一(四・二五) 石部―大津 晴 川辺の善性寺の庭を見る。瓦の製造を見る。

107 六・一(四・二六) 大津―京都 曇

108 六・二(四・二七) 京都 晴 友人・門人、小森・日高・新宮ら来訪。宮廷に関する記述。

109 六・三(四・二八) 〃 晴

110 六・四(四・二九) 〃 晴 小森肥後介より宮廷の衣装についてきく。

111 六・五(四・三〇) 〃 晴 小森肥後介および親切なる家族とすごす。

112 六・六(五・一) 〃 晴 所司代・町奉行を訪問。

113 六・七(五・二) 京都―伏見―淀川―大坂 晴 知恩院・祇園社・清水寺・大仏・三十三間堂を見る。大坂の詳しい記述。

114 六・八(五・三) 大坂 晴

115 六・九(五・四) 〃 晴

116 六・一〇(五・五) 〃 晴

117 六・一一(五・六) 〃 晴 町奉行および製銅家を訪問す。

118 六・一二（五・七） 〃 晴 芝居見物、妹背山の劇。
119 六・一三（五・八） 大坂 晴
120 六・一四（五・九） 大坂—西宮 晴
121 六・一五（五・一〇） 西宮—兵庫 晴
122 六・一六（五・一一） 兵庫
123 六・一七（五・一二） 〃 向い風のため出帆延期。
124 六・一八（五・一三） 〃
125 六・一九（五・一四） 夕方兵庫出帆 明石・淡路。
126 六・二〇（五・一五） 船中
127 六・二一（五・一六） 〃
128 六・二二（五・一七） 〃 塩飽島。
129 六・二三（五・一八） 〃
130 六・二四（五・一九） 〃 鞆。
131 六・二五（五・二〇） 〃 御手洗前に碇泊。

132　六・二六（五・二一）　〃　夜強風雨　上ノ関に入港。
133　六・二七（五・二二）　〃　停泊　上ノ関に上陸見物。
134　六・二八（五・二三）　〃　下関
135　六・二九（五・二四）　下関
136　六・三〇（五・二五）　下関―小倉
137　七・一（五・二六）　小倉―飯塚
138　七・二（五・二七）　飯塚―田代
139　七・三（五・二八）　田代―牛津《うしず》
140　七・四（五・三〇）　牛津―嬉野
141　七・五（六・一）　嬉野―大村
142　七・六（六・二）　大村―矢上《やがみ》
143　七・七（六・三）　矢上―出島

この機会を利用した調査・蒐集

シーボルトはこの江戸参府の機会を最も有効に利用して、日本研究のための調査・蒐集《しゅうしゅう》につとめた。

（一）携帯した器具・薬品・書籍　気圧計・高度測定に要するトルリツェルの玻《は》璃《り》管《かん》・湿度計・寒暖計のほか、ハットン＝ハーリング会社製のクロノメートル、ロンドン製にてノニウスの附いて十五秒を読むことのできるセキスタント（六分儀）、人工的地平儀・ブツソーレ・平流電気機・感伝電気機・数多の組立顕微鏡、小さいフォルトピアノ・薬籠《やくろう》・外科器械を携帯した。右のほか、多くの旅程図および旅行書をもった。それは旅行用品・馬人夫の駄賃・通行票の形式・有名な山の名・巡礼地の名・気候の大体　潮汐の表・年代記等を含む。

（二）　温度・経緯度の測定　毎日朝昼晩と温度をはかった。そしてたとえば出島（北緯三二度四五分、東径一二九度五一分）では平均温度七十九度、江戸（北緯三五度四一分、東径一三九度四二分）では平均温度七十六度としるしているが、旅行中妨げられないで天文学的測定をするため、彼とビュルゲルとは一行に先だって急ぎ、セキスタントを取出すと、二―三の目付が寄って来て何のためにするのかと聞く。

しかたがないから、甲必丹《カピタン》が旅程を時間通り進めるために、毎日正午に天文の器械を使って時計を合わせることを命じたのであるといいのがれをしたこともあった。下関滞在の五日間になした二十九の観測の結果、同地の経度一三〇度五二分一五秒、北緯三三度五三分三〇秒と確定した。京都の経度一三五度四〇分はクロノメートルで二十六回観測して決定した。箱根では富士山の高さを気圧計を用いて測った。また途中常に植物・動物・鉱物の採集につとめた。

江戸参府は日本研究のまたとない機会

千八百二十六年（文政九）と定められたる江戸旅行は余の日本へ派遣につきて、万有学並びに国土学、国民学の有益なる成績を挙ぐべきものと期待されたり。余は二年以上も出島にありて、かゝる問題を解決するに必要なる準備をなし、十分にその時日と機会とを得たれば、猶ほ更左《さ》もあるべきなり。されば我等は各ゝ是よりすべき旅行より、出来得る限りの効益を挙げんとして、余の奮励は先づ旅行者の裨益《ひえき》となるべき物事都《すべ》てを予《あらかじ》め知らんとするに向ひたり。

其国の地理、住民の言語、其風俗習慣は学識ある日本人との交際によりて之を知れり。余自身の散策は、初めは九州の小部分に止まりしが、日本の各地方より学問ある医師は万有学、医学の教を受けんとて、集《よ》り来り、その師シーボルトに万有学的の図画及び書籍を贈りなどして、余に極く遠く隔りたる国々の天産物を知得せしめたり。余の門人共は争ひて日本各地より生きたる、乾かしたる、植物、動物、又鉱物の蒐集を寄せ集めんと尽力せり。数百の病人は長崎に新着せる医師の名声に惹《ひき》付けられ来りしが、稀有《けう》なる、其眼に珍らしと見ゆる天産物を贈遣するによりて、彼のする治療を確受せんとせり。海の動物を採集するには長崎の港はそれよりも多く望み得ざる程の機会を与へたり。その魚市場にいつもある魚、蝦《えび》類は、余の観察材料、又余の知識に渇《かつ》する門人の研究材料となりたり。余は猶ほ二三の猟師を傭ひて、鳥や哺乳獣を余の為め捕獲せしめ、猶ほ虫類を獲《と》るためにも人を使ひたり。出島には植物園を設けたるが、各方面に連絡あるより、暫くして日本並びに支那の植物は千種許《ばか》りを数へたり。余は此くして日本島の動物、植物の知識を得、蝦夷、千島につきてさへ、余が危き病より治しやりたる日本の貴人より万有学的、人種学的物件の一大蒐集を得たり。

国土に関し、物産に関したる知識、並びに国民の文化程度、商業、工業、国家制度、市邑《しゆう》制度に関する経験を諸方面に拡張せんとするは、今や前に横はれる江戸旅行の重なる目的なり。されど此旅行には種々の制限ありて、余の研究に対し、余が欲し求むるだけの拡張と自由とを与へざるが故に、此度の使命の終りし後も、猶ほ暫くは、特に国費にて江戸に滞在し、事状だによろしければ将軍家の医師等に万有学、医学を授くると云ふに口を藉《か》りて、日本国の内部に旅行し得んことを計画したり。長崎の奉行、江戸の高貴なる眷《けん》顧者《こしや》、並びに余の医師とし万有学者として得たる好き声望は、余をして江戸政府は此計画を容れることもあらんと期待せしめ、余は特にこれによりて、日本人自身に取りても甚《はなはだ》須要《すうよう》なる利益の湧《わ》き出づべきが故に、愈《いよいよ》然るべきを信じたり。（呉秀三博士『シーボルト江戸参府紀行』八二―八五ページ）

江戸滞在延期は許されない

シーボルトは江戸滞在の延期を幕府に運動して見たが、だめだった。

五月八日、幕府の侍医多勢来訪せり。漢方医輩、余の江戸に長く滞留することに対して抗議すと聞きたり。

五月十六日、侍医諸氏より書状を受く。之によりて余は将軍が、彼輩《かのはい》の余の江戸滞在延期に関する願書を斥《しりぞ》けたることを知りたり。

しかしシーボルトの日本研究のために江戸参府の収穫は大きかったといわなければならない。

江戸における学者との交渉

江戸における日本の学者との交渉中最も注意すべきものとして二つをあげることができる。その一つは最上徳内との、その二つは高橋作左衛門との交渉であった。

最上徳内《もがみとくない》（宝暦四—天保七 一七五四—一八三六）は出羽の人、本田利明の門人で、天明五年（一七八五）蝦夷地海岸を、同六年には国後《くなしり》・択捉《えとろふ》を、寛政元年（一七八九）に蝦夷地を、同三年（一七九一）に東蝦夷地を、同四年（一七九二）樺太を、同十年（一七九八）には東蝦夷地・国後・択捉を、同十一年（一七九九）に東蝦夷を、文化二年（一八〇五）に西蝦夷・東蝦夷地に、同四年（一八〇七）に箱館《はこだて》・江差《えさし》・宗谷《そうや》に、翌五年（一八〇八）に樺太に、同六年（一八〇九）に蝦夷地在勤を命ぜらる。その豊富な経験と学識をもってシーボルトと江戸で相まみえたのである。時に徳内は七十三歳であった。三十歳のシーボルトはこの老友をえて蝦夷地・樺太のこと

最上徳内

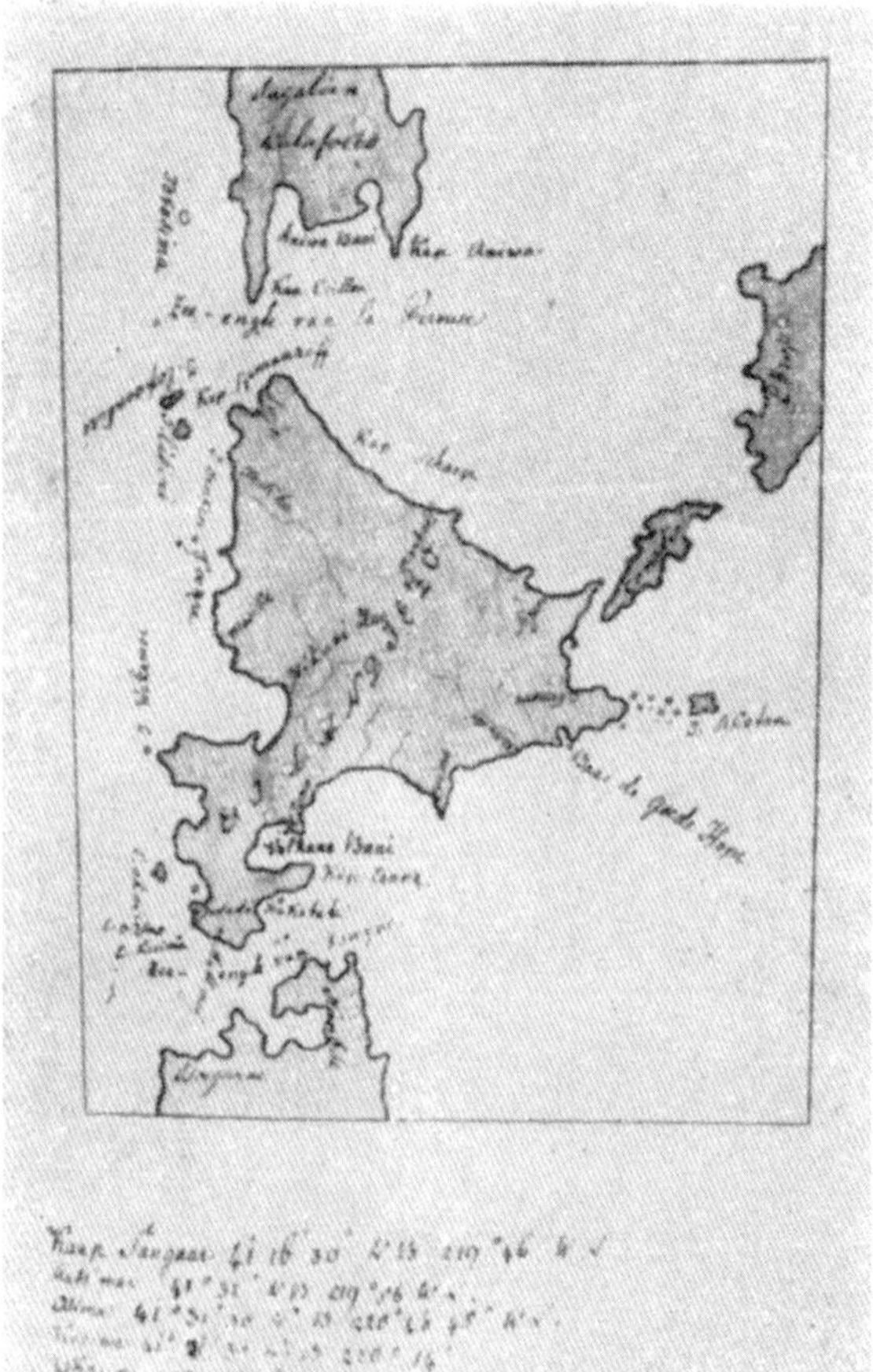

シーボルトの原稿に見える蝦夷島

について信頼すべき学問上の知識をえた。のみならず黙秘《もくひ》するという約束のもとに蝦夷・樺太島の地図を暫くの間借用した。また毎朝この老友最上徳内とアイヌ語彙《ごい》の編次に費した。徳内は五月二十一日(四月十五日)小田原まで見送った。

我人格高《たか》き老友最上徳内は江戸よりこゝ迄伴ひ来りたるが、此勇ましく功《いさお》多き老人は山崎の三枚橋《さんまいばし》にて我等に別れたり。(呉博士『シーボルト江戸参府紀行』五三一ページ)

私は昭和四年ベルリンの日本学会でシーボルト文献を調査中、彼の稿中に慶賀筆の徳内の肖像を見出して、写真にとったのがここにかかげるものである。

五月十五日、(四月九日)グロビウス来り、日本のいと美事な地図を示し、余のために之を周旋すべしと約せしが、後に之を果せり。(前掲書、五二五ページ)

この地図のことが、後にシーボルト事件をひきおこす原因となったのである。

高橋作左衛門

次に高橋作左衛門(天明五―文政十二 一七八五―一八二九)との会見について記そう。彼は名は景保《かげやす》、字《あざな》は子昌《ししょう》、号を観巣《かんそう》・玉岡《ぎょくこう》または蛮蕪《ばんぶ》といい、大坂の人作左衛門・至時《よしとき》・東岡《とうこう》の子で、浅草の天文台にあって、天文・測地・地図製作・翻訳事業の中心人物で、シーボルトと会見した時は四十二歳の時であった。

四月十八日、三月十二日、蘭字をグロビウス Globius と云ふ幕府天文方高橋作左衛門の来訪を得たり。是も同く欧羅巴学問の愛護者なり。(呉博士『シーボルト江戸参府紀行』四七五ページ)

出島の生活

出島の住居

シーボルトの研究生活の大半をすごしたところは出島《でじま》の蘭館であった。出島はもとポルトガル商人をおくために、寛永十一年長崎の豪商二十五人に命じて築かせた埋立地で、扇の地紙《じがみ》の形をした、東西各《おのおの》三十五間余、市街に接した北側が九十六間余、南側は百十八間余、総坪数三千九百六十九坪一歩にすぎない小さいところで、ここに商館長以下七十八人の住宅・倉庫その他の附属家屋、また日本の役人のための乙名《おとな》部屋・通詞部屋・札場・検使場・番所等を合わせて六十五軒の建物が四列にあり、南表門を入って真直《まっすぐ》にかなり広い出島町筋と称《とな》えた通路があった。シーボルトのおった舎宅はその町筋をつき当り左に折れてすぐそばにあり、日本風の二階建であった。

一八二三年（文政六年）から一八二四年（文政七年）にかけての頃、出島の廃地を借りて植物園を開いた。それは凡そ一町四方程の土地で、シーボルトの好みで左右にシンメトリカルにつくった同形の花壇に和洋の植物・花卉《かき》をうえ、それを庭園（tuin）と呼んだ。その中に、シーボルトが建てたケンペルとツンベルグの碑があった。一八二八年（文政十一年）九月十七・十八日の大暴風の被害報告によれば、シーボルトの住んでいたのは「庭園の中にある大きな家」とあり、二階建で研究室をかねた特別大きな建

出島におけるシーボルトの住宅

物であったようである。

先生は三十畳許《ばかり》の大きやかなる室にありて、中央に四間程なる長方形の大机を置き、之を環《めぐ》りたる架上《かじょう》に図書を駢《なら》べ置き、腊葉《おしば》は山の如く、其間にて日夜研究に余念なかりしと云ふ。（『シーボルト先生渡来百年記念論文集』二三ページ、呉秀三「医学者としてのシーボルト」）

シーボルトの架上にあった洋書の目録は一八六二年（文久二年）出島の和蘭印刷所において刊行された。

洋書の目録

Catalogue de la Bibliothèque, apportée au Japon par Mr. Ph. F. de Siebold. Dezima, 1862.

本目録に収められた七六〇部、大体東洋殊に日本関係のものが多く、大別すれば航海記・自然科学・言語学・地図等の順序に分類され、最後にシーボルトの日本関係の著述があげられている。昭和十一年日独文化協会が限定三百部を複製して同好にわかった。バタビヤ文書館（Japan 22. Bylage No. 5）に一八二五年（文政八年）

十二月二日附でヨーロッパおよびバタビヤから日本に送られて来た書籍四十三部、その代価一二五〇フルデン一六スタイフェルの勘定書があるが、それによって彼が蒐《あつ》めた洋書の一部が知られる。

Gaertner	植物書	四冊	一〇四フルデン
Sprengel	作物案内	三〃	二九〃
Linné	植物分類	七〃	七六〃
de Candolle	食用植物	二〃	二五〃
Cuvier	動物書	四〃	五〇〃
Nees von Esenbeck	植物教科書	二〃	二〇〃
Vier Jahegänge der Flora	植物誌の四年度分	八〃	三六〃
Cranfort	東印度史		一七〃
Ramdohr	昆虫観察記		
Meekol	比較解剖学		

Humboldt 動物の観察
Oken 博物学教科書
Lacépède 博物学
Merrem 両棲類動物誌
Lapérouse 世界一周記
van Swinden 海洋広域論
Kastner 物理学実験の基礎
Hermstaedt 化学実験
John 化学実験室
Blumenbach 比較解剖学便覧
Blumenbach 人類の多様性
Illiger 男女前駆症状論
Rudolphi 動物学
Hoffmann 鉱物便覧 一八一七年

三冊
以上八部 六七三フルデン 一六スタイフェル

Breithaupt 結晶の八角形について
Cuvier　比較解剖学
Tiedemann　ハイデルベルヒ動物学　一八一〇―一四年
Lacépède　ペルシヤ博物誌
Humboldt　メキシコ政治論
Voijage　旅行記　八巻
Sprengel　植物誌　八巻
Ballenstaedt　世界　八巻ノ内第三
Werner　最新鉱物学　八巻
Persoon　系統的博物誌
Parrot　理論物理学の基礎
Oken　動物学教科書
Jussieu　植物図誌
Prodromus　系統的博物誌

Blumenbach　博物写生図
van de Cordellser　アメリカの住民
Nees von Esenbeck　菌類及海綿類の分類
以上計一二五〇フルデン　一六スタイフェル
出島　一八二五年十二月二日　ドクタール、フォン、シーボルト

ハーグの中央文書館シーボルト関係書類（K. A. 11801）のうちに左の如き大工の見積書がある。当時の物価や工賃がわかっておもしろい。

大工の見積書

文政十一年
外科部屋之内丼煎焚所竈取繕ひ塗り直し積　一
子四月　大工　伊三太
外科部屋雪隠新に拵
一銀八拾四匁　雪隠材木四寸角七本
一同七拾弐匁　五歩板拾弐坪

一同拾弐匁
松弐寸壱間物八本
一同拾四匁弐分
小割五拾本
一同拾匁
戸壱枚
一同三拾六匁
引大小拾四本
一銀弐百目
大工手間五拾工
一同六拾弐匁五分　日雇弐拾五人
〆五百五匁七分
煎焚所繕ひ
一銀百匁　竈塗直し繕ひ

旧ボイテンゾルフ植物園にある
シーボルトが送った日本の樹木

合六百五匁七分
右之通御請合申上候、以上
子四月　　　大工　伊　三　太

文政十一年
ろノ蔵、花畑、牛小屋修覆積帳　二
子四月　　　大工　伊　三　太

惣合弐貫三百六拾目六分六厘

研究の助手

シーボルトの研究の助手であった人々は、一八二五年十二月二日の報告書（バタビヤ文書館蔵）によれば、ビュルゲル Heinrich Bürger (Dr. Bürger) が二等薬剤官 Apotheker der 2de Klasse で鉱物・物理・化学にくわしく、いろいろな実験実測にあたってシーボルトのよい伴侶であった。それから絵師 Teekenaar のデ＝フィルネーウェ Karl Hubert de Villeneuve と、庶務係の役人 Ambtenaar ピストリウス Pistorius（またピストリング Pistoring につくる）がいた。この人も同じく書役のマヌエル Manuel

と共に地図等の説明に当っている。商館長は一八二三年（文政六年）十一月二十六日から一八二六年（文政九年）十二月二十一日まではデ＝スチュルレルで、それから一八三〇年（天保元年）の年末まではメーラン Germain Felix Meÿlan であった。

ビュルゲル

ついでにビュルゲル Dr. H. Bürger はいつまで日本に居ったか、一八三四年（天保五年）までは日本における自然科学研究員 het Natuurkundig onderzoek

フィルネーウェ

te Japan として、デ＝フィルネーウェの方は一八三六年（天保七年）まで商館の荷倉役 Pakhuismeester としてその名が商館長日誌に見える。後年一八五九年（安政六年）春再度の日本旅行の途上バタビヤに立寄った際、同地でデ＝フィルネーウェがその近くに娘と共に暮しているのにめぐりあい、一晩懐旧談にふけったのであった。

日本人の助力者

日本人の助力者として彼が前記一八二五年十二月二日の報告書に、通詞としては茂《しげ》伝之進・吉雄忠次郎・稲部市五郎・馬場為八郎・石橋助左衛門を、門人 Botanischer leerling として高《こう》良斎の名をあげている。

高良斎（寛政一一—弘化三 一七九九—一八四六）は阿波の徳島の人、「眼科と日本植物学に通じ、和蘭語・支那語に巧にして、又深く余に親しみ信義あるものなり」（『江戸参府紀行』）とシーボルトに評された。次は良斎に与えられた証明書の訳である。

証明書

阿波ノ医師高良斎氏ニ対シテ次ノ事実ヲ証明ス。氏ハ七年間驚歎スベキ熱心ト努力ヲ以テ蘭学ノ研究ニ従事シ、予ノ門人中ニ於テモ最優秀ニシテ好学的ナル一人ナリ。即チ内科外科本草博物等ノ各方面ニ亘リテ卓越セル知識ヲ修得セリ。同氏ハ予ノ指導ノ下ニ多クノ特異ナル患者ヲ診療シタルノミナラズ、自ラ手術ヲ試ミテ好成績ヲ挙ゲタリ。之ニ依テ予ハ此有為ニシテ学識アル友人ヲ、ソノ国人ニ対シテノミナラズ和蘭人ニ対シテモ、内科外科医及ビ薬剤師トシテ推薦スルノ責任ヲ感ジ、茲ニ文書ヲ以テ表頌スルモノナリ。

一八二九年十月三十日
出島ニ於テ ドクトル、
フォン、シーボルト
（『シーボルト研究』五一ページ、黒田源次博士訳）
茂伝之進

茂伝之《しげでんの》進《しん》は、その父節右衛門が一七七六年（安永五年）にツンベルグ Carl Peter Thunberg の江戸参府に同行し、箱根からトドマツをもって来て出島の庭に植える時、手伝った。またツンベルグが鑑定した植物標本の数々を家の宝として大切に保存

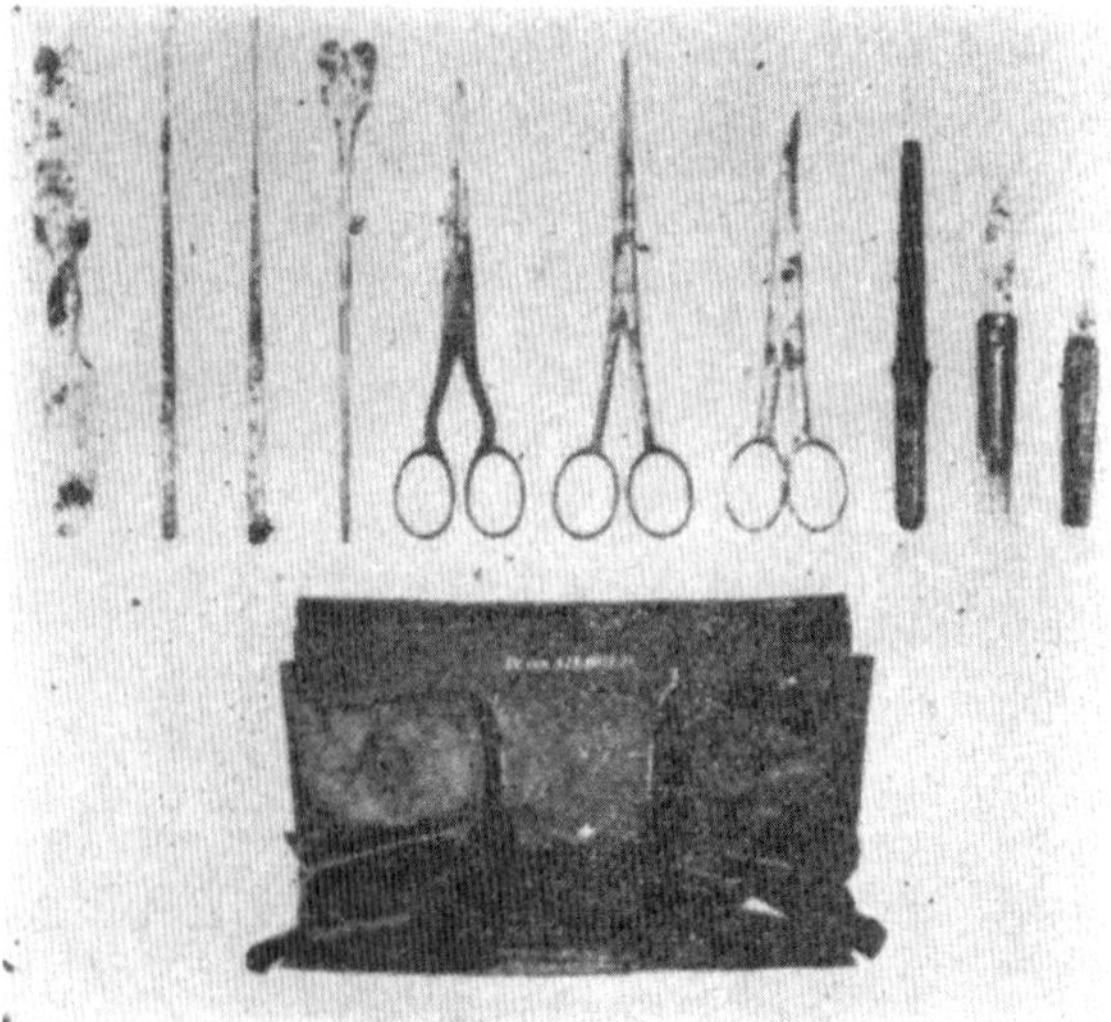

シーボルトの用いた外科器具（東京国立博物館蔵）

していという植物学の同好者である。「彼は植物学を好むこと父よりの遺伝にてあるべし、心ばえもよく、余が長崎近傍の植物採集にしばしば案内となれり。職務の上よりも余に便宜を与へしこと少なからず。余の日本滞在の最後の悲き年月にも友愛のあつきを余の心にきざみて、余をして後々まで長くそを想ひ出、偲《しの》び止み難くて、日本国民の徳性に一段の光明を添ふべく覚えしむるものなりけり。」と記されている。(呉博士『シーボルト江戸参府紀行』一四〇―一ページ)

吉雄忠次郎

吉雄《よしお》忠次郎(天明七―天保四 一七八八―一八三三)は名を永宜、呉洲と号した。文政五年(一八二二)馬場佐十郎の後をおそうて天文台の翻訳方となる。シーボルトの江戸参府の時は高橋作左衛門との間を斡旋《あっせん》し、作左衛門より日本地図・蝦夷樺太の地図等をシーボルトに、シーボルトからナポレオン一世の伝、オランダ属国の地図を作左衛門へ、手に入るようにした。後シーボルト事件に坐して出羽国山形の上杉佐渡守に御預けとなり、天保四年(一八三三)二月二十九日同所において病歿した。

稲部市五郎

稲部《いなべ》市五郎《いちごろう》（天明六—天保一一 一七八六—一八四〇）はオランダ語に堪能《たんのう》で、長崎近辺の植物採集にもしばしば案内者となり、信任された。後年シーボルト事件に坐し、上州七日市（富岡）の前田家に永《なが》の御預《おあず》けとなって幽囚十年、天保十一年八月二十二日に病歿した。

馬場為八郎

馬場《ばば》為八郎《ためはちろう》（明和六—天保九 一七六九—一八三八）は名を貞暦といい貞斎《ていさい》と号した。父は三栖谷《みくりや》仁平《じんぺい》といって長崎の金持ちであった。通詞馬場家の株を買って馬場氏を称した。弟は馬場佐十郎（貞由、轂里《こくり》）である。シーボルト来日以来尽力し、後シーボルト事件に坐して永牢《えいろう》となり、羽後亀田藩（岩城伊予守隆喜）へ御預けになり、天保九年十月十九日同地で病死した。

石橋助左衛門

石橋助左衛門（宝暦七—天保八 一七五七—一八三七）はシーボルトの来日の時はオランダ通詞の上席としていろいろ便宜をはかった。文政九年九月に致仕《ちし》し、天保八年七月十七日死去した。

この報告書には、その名を逸しているが、ここにどうしてものせておきたい人物がある。それは美馬順三《みまじゅんぞう》と二宮敬作《にのみやけいさく》である。

美馬順三

美馬順三（寛政七—文政八 一七九五—一八二五）は阿波国那賀郡羽浦町岩脇の人である。シーボルトの来日したとき、率先してこれに師事し、鳴滝の塾頭になった。惜しいことに文政八年六月十一日に、コレラ病にかかり、三十一歳で死亡した。

二宮敬作

二宮敬作（文化元—文久二 一八〇四—一八六二）は伊予国西宇和島郡磯津浦大字磯崎浦の人、シーボルト来日の時から六年間これに師事し、最も外科学に長じた。文政十一年四月富士山にのぼり、バロメーターを用いて高さおよび寒暖の度まで実測して、大いにシーボルトにほめられた。シーボルトの帰国するに当っては、その女「おいね」を高良斎と共に托された。天保元年（一八三〇）郷里宇和島にかえって医を開業した。安政六年（一八五九）シーボルトが再渡来したとき、「おいね」養育の恩を謝し、手をとって喜び泣いたという。敬作は卯之町（宇和町）にかえり、文久二年三月十二日そこ

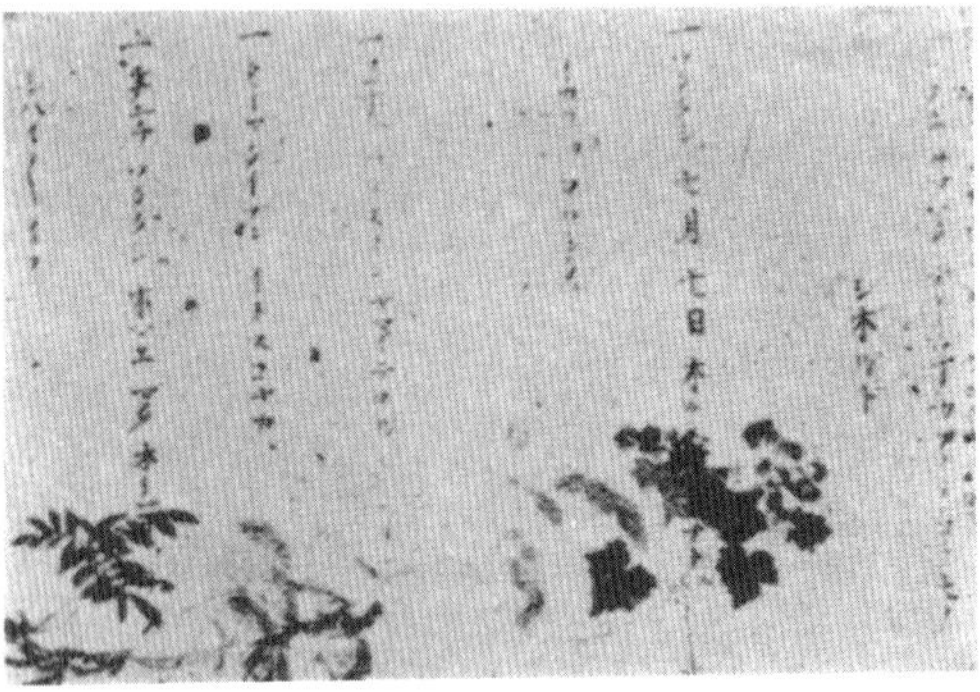

への手紙（シーボルトの自筆）

其扇様またお稲かあい子供の
ソノキサママタオイネカアイノコトモノ
シボルド
私は七月七日オランダの湊に
一ワタクシワ七月七日ホランタノミナトニ
錨をおろした
イカリヲヲロシタ。
船に我少し病でおる
一フネニワレスコシヤマイテヲル。
只今大分いと健か
一タヽイマタイブンイトスコヤカ。
日々私がお前またお稲の名を
一ニチニチワタクシカホマエマタホイネノナヲ
屢々いう
シバイ〳〵イフ。
何時はお前をまたお稲もっと愛する
一ナントキワオマエヲ、マタオイネモツトアイス
ものをみるか
ルモノヲミルカ。
私が一人オランダ、またホンソル君
一ワタクシカ一人ホランタマタホンソルクン
また唐人また料理人仲間あり
マタトウ人マタリヨウリ人ナカマアリ。
五人小い部屋に住む
五人コマイヘヤニスミム

で歿した。年五十九。

このへんでシーボルトの妻子のことにふれたい。シーボルトが長崎において同棲した婦人は楠本《くすもと》お滝《たき》（文化四—明治二 一八〇七—一八六九）といい、十五—六歳のころから長崎丸山《まるやま》の引田屋《ひきだや》の抱遊女《かかえゆうじょ》となり其扇《そのぎ》といった。父は佐兵衛、母はおきよといった。シーボルトが其扇を知ったのは文政六年の九月であった。シーボルトは愛人をオタクサ Otaksa またはモキシャレと呼んでいた（呉博士『シーボルト』三四八ページ）。文政十年五月五日、一女を分娩《ぶんべん》した。

其扇

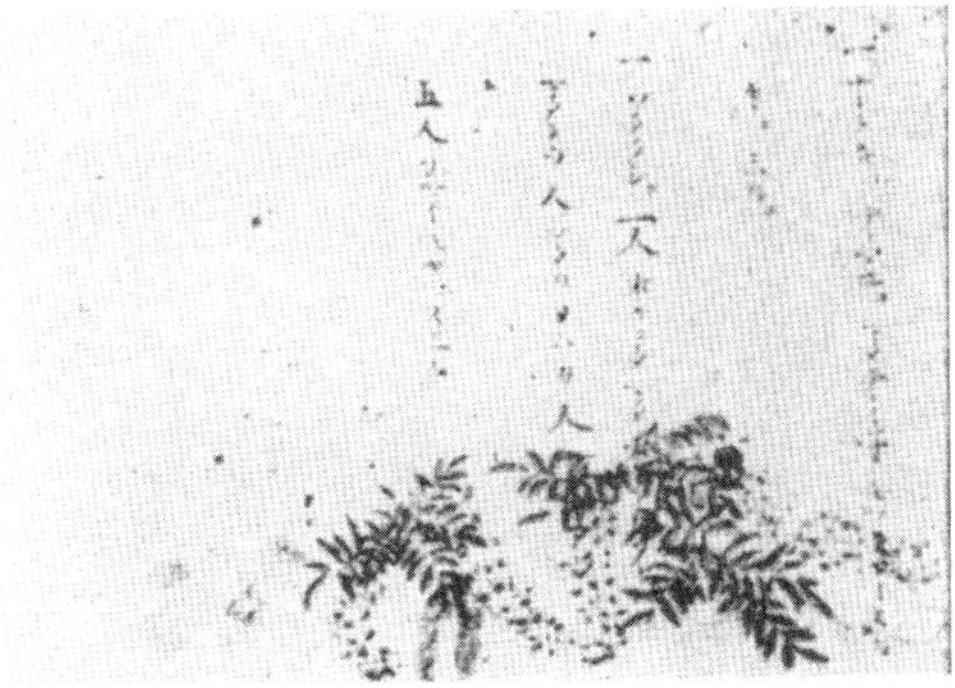

シーボルトよりそのぎ

差出申一札之事

一、町内引田屋卯太郎抱女其扇《そのぎ》去ル未《ひつじ》年九月ゟ外科阿蘭陀人ひいとる　ひりつふ　ふらんす　はん　しひほる呼入候処、懐妊仕、昨夜女子出産仕候、依レ之右其扇親銅座跡佐平方ニ而養育仕候、小児之儀ニ付万一異変之儀茂可レ有ニ御座一哉、若左様之節は片時茂無ニ由断一早速可ニ申出一旨、堅卯太郎に申付置候、為レ其一札差出申候、以上、

文政十年亥《い》五月六日

組頭連印

芦苅　印

吉野　若杉　小田　石橋　楢林

（『シーボルト研究』四四ページ、黒田源次博士「鳴滝塾」所引、元山元造氏所蔵の文政十年寄合町亥年諸事書上帳の一節。）

いね

女子の名は、はじめ伊篤《いとく》といい、後に伊禰《いね》といった。生れた場所は出島の外科室であったという。

文政九年七月九日、出島に入居候遊女其扇出生之女子乳少《ちちすくな》に付、乳持之遊女呼入候儀、

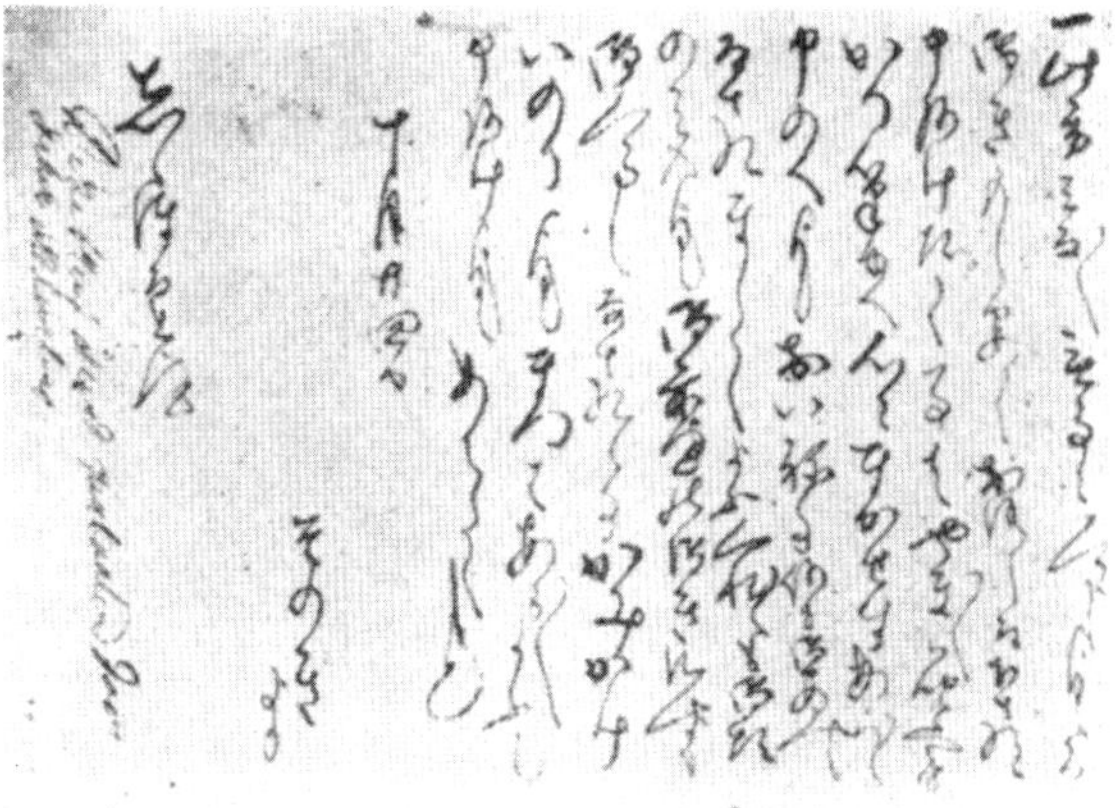

そのぎよりシーボルトへ送った手紙（部分）

一此方みなく無事にくらしまゐらせ候間、
御きもし安くおほし召下され候、
申あけたく事はやまく御座候へとも、
かり筆ゆへ心にまかせす、あらく
申のへまゐらせ候、おいね事何も御あんし
なされましく候よふ、くれくも御た
のみ入まゐらせ候、御前様の御きけんよく
御くらしなされ候事、かみかけ
いのりまゐらせ候、まつはあらくよふし
申あけまゐらせ候、めてたくかしこ、

十月廿四日

そのき
より

しいほると様

Deze brief wierd vertaalen door zeker UEd. leerling

（この書翰は門人某によりて訳された）

通事内談、無レ例儀故伺候様答、町年寄年番に申上、被ニ聞置一候旨申出、依レ之聞置、遊女之振にて出入致候事、（唐人番倉内氏の日記、呉博士『シーボルト』三四八ページ）

いね出生の後は母おたきは銅座町に住いした。シーボルトがこの母子をあつく愛し、またおたきもシーボルトを愛してよくつかえ、後年シーボルト事件の起った時も、しばしば奉行所に呼び出されて訊問されたが、彼女はかたく口をとざして供述しなかった。

日本研究の成果

ハーグ国立中央文書館中にシーボルト関係の文書（K. A. 11801）があり、そのうちの一つ（Bijlage No .3）にシーボルトから提出された「一八二三年（文政六）より一八二八年（文政一一）に至る日本で下名等によりて研究された概要」というのがある。これにシーボルトの日本研究の成果が一目でわかるように列挙してある。

I　日本についての記述資料

A 数学的地理学

1 日本帝国の編年体概要

本朝国説（本朝国都建置沿革図説か）

2 大日本の植物分類の概略

3 一八二六年江戸参府の往復に行ったクロノメートルによる幅と長さについての観測

4 港湾及び投錨地についての概略

5 日本の南西部の地図の説明（ピストリング氏 Pistoring による）

6 長崎港の図の説明（ピストリング氏）

7 長崎港の輸入についての序説（ピストリング氏）

8 長崎港の深さについての実測（ベゼメル海軍大尉 A. Bezemer）

9 長崎附近の地図のための観測

10 日本の海陸の種々なる資料による日本国地図

11 日本の南西部の地図（大部分ピストリング氏）

12 下関海峡（de straat van der Capellen）の図（マヌエル氏 Mannuel）

13 長崎の港及び附近の図（マヌエル描く）
14 一八二五年ピストリング・マヌエル両氏によりて測量された長崎港の図
15 江戸から京都に至る案内記（一日本人による）
16 江戸日光間案内記（一日本人）
17 日本国の道、国、郡の区分（日本の図による）

B 物理学的地理学

18 一八二六年ビュルゲル氏 Bürger により測定された日本の物理学的地理学への寄与
19 日本における鉱泉の分析（一八二七年ビュルゲル氏による）
20 気象学的観測
21 日本及び蝦夷の山の高さ
附、バロメーターによる長崎の山々、島原の雲仙、富士山の高さ

22 一八二六年長崎より江戸に至る間に試みたる地球構造学的観測（ビュルゲル氏）
23 日本金貨小判の分析（ウュルツブルグのマイエル Mayer 氏による）
α 動物界
24 日本及び隣接諸国の哺乳動物の展望
25 日本産鳥類の展望
26 動物学―動物解剖学的観察
27 動物学的、動物解剖学的記述
28 日本の動物に関する若干の問題
β 植物界
29 日本植物志補遺一
30 同二
31 同三

32 同四
33 同五
34 同六
35 同七
36 同八
37 同九
38 同一〇

γ 絵画類

39 日本人の肖像画十二枚（デ＝フィルネーウェ氏 de Villeneuwe）
40 日本の哺乳動物の若干の写生（デ＝フィルネーウェ氏）
41 若干の爬虫類の写生及び哺乳動物の骨骼（デ＝フィルネーウェ氏）
42 若干の魚類及び海中に棲息する動物の写生（日本絵師登与助 Japansche Schilder

Tojoske)

43日本植物の写生（登与助及びデ＝フィルネーウェ氏）

44雛形の寄与

C政治的地理学

α一般

45日本の政治地理の一相

β各論

46日本人の起源

一八二七年パリーのアジア協会で発表

47日本人の時間の計算、日本及び中国の年代記

48日本語の言語学的大要

49日本語の辞書

若干の日本人の協力によって出来た三六〇〇字から成る辞書
50 日本語彙、日本の辞書の写本
51 ハルマの辞書に基いてヅーフ氏 H. Doeff の作った辞書
52 ウェーランドの辞書（抜萃） 日本人の友人数名の訳したもの
53 以前江戸に於いて作られたハルマ辞書
54 日本の書翰文
55 仏教、神道各派の主な神、寺院、僧侶、宗教上の道具
56 政体
57 国家の物質的救助手段
58 国家と購買
59 芸術と科学
鉱物学、採礦学、資本の心配（ビュルゲル氏）

60 住民
61 日本国の尺度、重量、貨幣
62 階級
63 日本音楽の梗概
64 飲食物の概観
65 風俗習慣

D 日本の記述を含んでいる多くの素材の集録

66 一八二六年の江戸参府日記
67 オランダ使節の江戸旅行の梗概
68 日本の記述に対する混合物
69 日本文学の概観
70 雑誌第一、一八二三年バタビヤの一回教徒の日本旅行の梗概

71 雑誌第二、日本に於ける博物学
72 雑誌第三、日本に於ける植物学
73 雑誌第四、日本の産科学に関する二−三の問題の答について
74 雑誌第五、二−三の作品による日本人貴族の描写
75 雑誌第六、漁村 Kosedo への遠足
76 雑誌第七、幕府の鍼医石坂宗哲 Isi-saka-Sotets の一つの書翰に見える経絡についての二三の言葉
77 欠
78 雑誌第八、日本人の農業の女神
79 雑誌第九、長崎の岩山 Iwaja berg への遠足
80 雑誌第一〇、日本人の薬学の状態に関する実例
81 雑誌第一一、北部日本奥州 Oossu において今日なお使用されている象形文字に

ついて
82 雑誌第一二、長崎の近郊土山 Tsitsijama への遠足
83 雑誌第一三、出島の一日（全機能を働かしている訳ではない）
84 雑誌第一四、一八二八年九月一八日の暴風雨とその経過
85 雑誌第一五、日本からバタビヤへの帰路の概要
86 日本書籍蒐集目録
E 日本の記述に役立つ絵画
87 日本人の種々な服装、江戸と京都における有名な日本画家によりて作られた十二枚
88 日本の祭礼、江戸の北斎 Hoksai 筆十二枚
89 長崎より江戸に至る旅行中の風景、一八二六年登与助筆二十枚
90 江戸においてニ－三の友人の図説した武器武具の図

91 有名な金・銀・銅貨の二三（デ＝フィルネーウェ氏）

92 画家登与助によりて作成された種々な絵画、その内には先年ブロムホフ氏 J. K. Bromhoff の蒐集品の模写を含む

93 江戸・大坂・京都・姫路の図、大坂城における将軍の宮殿の図の模写

94 哺乳動物・鳥類・魚類の写生（登与助）

II 日本の隣国の記述のための資料

A 蝦夷、樺太、千島諸島

95 林子平 Haja-Sihei によりて説明せられた蝦夷及び附近の島々・樺太・択捉《えとろふ》・国後《くなしり》

96 一友人により松前からもたらされた蝦夷に関する二-三の雑記

97 蝦夷に関する種々の絵画及び雑記

98 樺太島の記述（日本文より翻訳）
99 一八〇八年―一八〇九年の間、日本人間宮林蔵 M. Rinsoo によって行われた蝦夷、樺太・アムール河口にかけての旅行の抄録
100 最上徳内 M. Toknai による樺太・蝦夷、山丹 Santan に関する報告
101 アイヌ語辞典
102 アイヌ語彙

B 琉球諸島

103 日本人によりてなされた琉球諸島の記述
104 琉球諸島に関する二―三の問答
105 琉球諸島の二―三の地図による説明

C 朝鮮半島

106 朝鮮に関する年次を逐う記述

107 朝鮮半島の記述のために

108 朝鮮に関する雑記

D これ等の国々の記述のための地図及び絵画

109 蝦夷島の地図

110 琉球諸島の地図

111 蝦夷、樺太及び山丹について種々な日本人画家による十二枚の地図

112 デ゠フィルネーウェ氏による朝鮮人の肖像

113 デ゠フィルネーウェ氏による朝鮮の船舶

114 画家登与助による朝鮮の陶器及び服装

これ等の国々の記述に資料となる蒐集の書籍及び絵画

Ⅲ　日本人の友人の協力による日本及びその隣接諸国の記述に役立つ資料

1 日本及び中国の医薬に関する略記
2 日本の事物起源
3 琉球諸島の記述
4 日用品の生産に関する記述
5 京都における神社仏閣案内記
6 江戸における神社仏閣案内記
7 薬草に関する書 Kwaji（花彙）の翻訳
8 鯨に関する論文
9 酒 Sake に関する記述

10 迷信について

11 京都についての情報

12 須磨の歴史についての記述

13 日本蜘蛛《くも》の図説

14 普通家庭の嗜好品の表

15 中国産橄欖《かんらん》についての記述

16 日本の製塩法

17 醤油醸造法

18 紙の製法

19 灸法について

20 古代から現代に至るまで使用されている器具

21 日本及び中国貨幣に関する二―三の意見

22 欠く

23 小野蘭山 Onolanzan による日本薔薇《ばら》の名称表

24 鯨についての記述

25 日本産軟骨魚類の説明

26 日本人の血族関係についての概観

27 日本の時の唱え方について

28 疱瘡《ほうそう》の原因について

29 灸治の方法

30 樅《もみ》のあらゆる種類について

31 漆器の作り方

32 人参属

33 二－三の本草の本の目録

34 最上徳内によるアイヌ語辞典の訂正
35 二-三の家庭むき作物について
36 二-三の朝鮮語
37 二-三の軟骨魚類についての記述
38 蜜蜂、蚕、ほか二-三の昆虫について
39 勾玉《まがたま》すなわち日本古代人の飾法の記述
40 蓼《たて》属
41 最上徳内の数学的論述
42 雪の結晶形
43 日本の渡鳥《わたりどり》について
44 日本歌謡について
45 日本爬虫《はちゅう》類の名称

46 日本の最もよき職人についての概略

47 一八二三—二八年日本文書翰集

シーボルト事件

文政十一年八月九日夜の大暴風雨

シーボルトの日本渡来の使命であるところの日本研究は、実にみのり多いものであったが、一八二八年（文政十一年）任期が満ちて帰国することとなった。バタビヤ仕立のオランダ船の長崎入港は多く夏の候であった。陰暦の七月がもっとも多く、六月がこれにつぎ、五月、八月のこともあった。陰暦七月頃長崎に到着し、陰暦九月二十日限り同港を出帆する定めであった。もしおくれて到着した船は五十日以内延期することができた。この年八月の初旬に到着したコルネリウス＝ハウトマン号 Cornelius Houtman は定めの通り九月二十日には出帆の予定であった。

しかるに文政十一年八月九日（一八二八、九、一七）夜に、ものすごい暴風雨が日本の西南地方を襲うた。シーボルトが『日本』にしるしているところによれば、夜半十二時頃から朝の五時までつづき、朝日の照り出すとともに風ははたと止んだ。シーボルトの出島の自宅も二階はこわれおちたので、平家建の玄関で荷物の間に身をひそめて助かった。二階のこわれる少し前に測定して気圧計二八インチ一分、寒暖計華氏七七度、湿度計九七度、東南の台風と記録した。

ハーグ中央文書館所蔵文書の「一八二八年九月十七日・十八日被害について商務長官宛の報告」によれば左の通りである。

一、商館長の住宅
二、厨房
三、旗竿
四、倉庫 (de Lelie)
五、倉庫 (de Doorn)
六、庭の中にある大きい家、これはドクトル＝フォン＝シーボルトが住いし、博物学の研究をしているところである。南西隅が先ず破られ、そのために屋根の大部分と天井が崩壊し、そこにあった硝子器具はこわれ、ドクトルの被害は大きい。全くの荒屋になり、修理して住居できるようになる見込みがない。庭園の大門が大損害を被り、柵と共に地面に倒れている。庭園には多くの植物がうえられているが、これまた海水のため大部分が流された。

七、そこここにあった小庭園

八、防火倉庫

九、食堂

松浦静山の『甲子《かっし》夜話』(続、一八巻)には、

去る九日夜酉刻《とりのこく》より翌十日夕迄、長崎表《おもて》大風雨に御座候。高波にて港内に繫《つなぎ》居候乗船三艘共碇綱《いかりつな》押切り浜辺へ流寄《ながれよせ》、紅毛船《おらんだ》も碇綱切、稲佐《いなさ》浜辺に打寄、野毛《のも》、小瀬戸《こせど》両所遠見番所壊崩し、(中略)

出島之儀は、格別に風当り強く、惣構《そうかこい》の内、海手之方石垣不レ残打崩、潮《しお》押入、かぴたん部屋、乙名《おとな》通詞共詰所《つめしょ》、並《ならびに》砂糖蔵一箇所、其外共所々損所有レ之候付、夫々《それぞれ》取締申付置候、怪我人等無二御座一候事、（中略）

紅毛人申候、外国にも箇様之風は不レ承と申候旨、通詞話申候、

『増補長崎略史年表』には、

八月九日子刻《ねのこく》、大風雨、翌十日暁に至る、蘭船稲佐海岸に坐洲《ざしゅう》し、唐船三艘馬込《まごめ》及船津《ふなつ》に吹付けらる、市中潰家《つぶれや》八十七戸、圧死一人、溺死廿三人、破船七十六艘、

三村潰家千百八十四戸、圧死十九人、溺死八人、破船二百五十四艘、被害田畑五百三十七町余、

七村潰家千三百八十七戸、圧死十人、溺死十人、破船二百三十二艘、被害田畑四百二十二町余、

罹災人民を賑《しん》す、潰家町人一戸白米一斗、銭一貫文、借居人白米五升、銭五百文、破損町人白米五升、銭五百文、借居人白米五升、家族七歳以上毎人銭三百文とす、

時の長崎奉行は本多佐渡守正収（九月発）と大草能登守高好（九月着）で、本多佐渡守は勤番の時であった。オランダ商館長はヘイ＝エフ＝メイランであった。

蘭船の破損

コルネリウス＝ハウトマン号は稲佐の志賀某の家の前のなぎさにうちあげられ、ふかく泥の中にすわって動かなくなった。その蘭船を動かそうといろいろなことを試みたが、最後に御用時計師御幡《おばた》栄三なるものの考案したしかけによって海上に浮びあがらせることができた。その後のことと思われるが、船を修理するために積荷をおろした時、シーボルトの荷物の中から国禁の品物が出たのがきっかけで、シーボルト事件が起ったという。

一、御紋

一、武具幷武者絵
一、絵入之源氏
一、日本船造ノ物幷絵
一、日本絵図

は日本からオランダへもち出すことが禁制であった（拙著『日蘭文化交渉史の研究』五〇二—三ページ）。

田辺太一の『幕末外交談』（一五八—一九頁）にいわく、

シーボルトとは、独逸《ドイツ》聯邦巴威《バイエルン》の人にして、荷蘭《オランダ》に仕へ、その東印度会社衛生医官となり、我文政八年を以て、長崎出島に来住し、例によりて其甲比丹と共に、東江戸に出で、将軍に謁せしことありし、然るに、其学術深邃《しんすい》なるを以て、当時洋方医学に志あるもの往々これに就学し、幕府の士高橋作左衛門のごとき、其所務天文暦数にあるを以て、其疑を質《ただ》し、得る所も尠《すくな》からざりし、故を以て、其我国法財政風俗産物等、また外人の問知せざることをも探知するの便を得、我学士医師も亦其蒙を発するを得て、両《ふたつな》がら益する所少なからざりし、然るに、其帰国の時、其荷物を積たる船の颶風《はやて》の為に再び長崎に帰り来れるあり、幕府の法に、密商を防がんが為に、出港の船には、其積荷等を細査することなしといへども、入港の船は、必其検査を厳にせり、よつて其積荷の中即《すなわち》シーボルト持荷の内より、当時国禁とせし秘籍を発明するを致し、竟《つい》に幕命を以て、出島に幽せられ、諸《もろもろ》シーボルトに交り、殊に禁書等を贈りしもの、高橋作左衛門を初め、夫々《それぞれ》厳罰に処せられし後、凡一ケ年にして、シーボルトの拘禁《こうきん》を解かれ、本国に帰るを得たれども、猶再渡を許さゞるの申渡を得たり、実に文政十二年なり、

田辺翁は幕府の要職にあり、その慣例等はよく知っている筈である。しかも右の記事を読む時、蘭船は一旦長崎の港を出て、再び帰って来たので、入港の場合と見なされてその積荷が厳重な検査をうくることとなったという、はたしてそう

であろうか。大暴風雨は陰暦八月九日夜より十日の朝にかけてのことであり、蘭船の長崎出帆予定日の陰暦九月二十日までは約四十日の余日がある。

是迄日本にて種々苦心して蒐集したる学術的材料を荷造して、これを輸送せんと準備し、その中万有学的材料は八十九個の荷物に封じて積込まれたるが、人種学的材料に至りては未だその運びに至らざる内に、忽然《こつぜん》として大天災の襲ふところとなりて、その計画に容易ならざる頓挫を来たしたり。（『日本』。呉博士『シーボルト先生』二三一ページ）

田辺氏のいわれる如く、また呉博士の「シーボルト先生の荷物を積み居たる帆前船は将に出発せんとして未だ出発せずにありければ、暴風に煽《あふ》られ驕波《きようは》に揉《も》まれ、一度出でゝ、又戻り、遂に稲佐の割石に打付けられて舳頭《へさき》はそこの或家の二階に寄りかゝれり（『シーボルト先生』二三三ページ）と記す如く暴風の中を一度出でてまた戻るということは常識からいってもありえないことのように思われる。中島広足（熊本の人、長崎在住二十年元治元（一八六四）年歿、七三歳）の『樺島浪風記』に記すところが真相に近いようだ。

阿蘭陀船のさばかりおほきなるも、碇《いかり》つなたえて、稲佐の浜なる、志賀某が家の、門の前のなぎさにぞ吹あげたる。そも〳〵阿蘭陀船は、なみ風はげしければ、いかりづなを、いとながくのばして、浪をうくることを、やはらかにして、かつて綱をたつことなし。かれこたびもしかしつれど、沖にかゝりし唐船ふたつ、ながれかゝりしかば、そのふねのおもさには、えたへで、つなたえぬとなり。（『シーボルト先生』二三三ページ）

したがって呉博士の前文のつづきに、

然るにその当時の法規として、外国船の出帆にはその荷積は何なりとも問ふことなけれども、入港するものは必ずその積荷を解き検《あらた》むること、なりしに、シーボルト先生の行李中よりは種々なる国禁の品々相尋《つ》ぎて露《あら》はれ出でたり。

という見解は、田辺氏のそれをうけついだものであって、私のとりかねるところである。尤も幕吏が蘭船の積荷を臨検することができるのであるから、不思議とするには足らぬが、シーボルトの荷物が特に問題にされたことには、それだけの理由があったのである。

シーボルトの江戸に送った小包が調べられた

文政十一年正月十一日（一八二八、二、一五）長崎発、三月二十八日（五、一二）江戸着にて浅草新堀（今の福富町）の天文台脇なる高橋作左衛門方に一箇の小包荷物が到着した。差出人は長崎にて普漏西《プロシア》の医師某とあり、その中に御普請役間宮林蔵に贈る分も入っておったので、早速高橋から間宮方に届けた。林蔵は事、外国人に関するから、勘定奉行村垣《むらがき》淡路守定行に申出で、その立会の上で、内容をしらべたところ、更紗《さらさ》一反と手紙が一通入っていた。高橋の方は荷物をうけとって別に官にも届けなかった。このことがきっかけとなって官憲が内々高橋については公私にわたって、その行動を内偵することとなった。

我等が日本に滞在の終りの不幸なる年月中、日本政府の吟味をうけるように

したのは、彼間宮林蔵である。(『日本』二巻二六一ページ)

とシーボルトも明記している。間宮だけではなかった。高橋作左衛門のことについては、もと彼の部下で製図工某が何かの理由で彼と不和になってその筋に告発したともいう。

高橋作左衛門方の手入れ

文政十一年十月十日(一八二八年十一月十六日)夜、天文台下の高橋作左衛門の屋敷は猿屋町の方と御蔵前方面とから来た大勢の警吏にとりかこまれ、やがて作左衛門の青網をかけた駕籠《かご》が警固きびしく町奉行所へひかれて行った(『甲子夜話』続篇)。その後へ榊原主計頭《かずえのかみ》が御徒《かち》目付三河口雲八郎・斎藤宗左衛門が町与力・同心をひきつれて作左衛門の役宅を捜索、証拠書類の他、品物は土蔵に入れて封印し、手掛りになるべき書物・書翰を押収した。

高橋作左衛門方より押収した品目

一、間重新《はざま》と有レ之書状半紙に認六七枚　十七通

一、林大学頭書面　四五十通

一、所々より文通　十四五通

一、シーボルト之書面写様之品但蘭文字添　一枚

外に同書一通ゟ了簡書面添

一、間宮林蔵より市野金助ゟ書状但内密地図差送候に付問合　一通

一、銅版万国全国並右図所々取遣候留帳　一冊

一、文政二卯用留往復留　一冊

一、浦野五助より吉雄忠次郎ゟ書状写　一枚

一、密覧と有レ之書面但酉三月二十三日三月九日足立左内馬場佐十郎より一包　三通

一、西洋人東印度発見考其他同様の写本　六冊程

一、紅毛文に而認候日本絵図　一枚

一、同断文通内二通封状　三通

一、大日本輿地図藁但表紙付　?

一、和蘭横沙地誌（？）　二冊
一、紅毛薬能書　一冊
一、満文輯韻　一冊
一、天地球図法全書並写共一冊程　二冊
一、欧羅巴洲輿地図　一冊
一、絵図　十八枚
一、遠鏡説写　五枚右之分一包に相成居候
一、横文字写本　二冊
一、薬品目録　一冊
一、新訂万国全図附録目　一冊
一、新訂総界全図凡例　二冊
一、同附言　一冊

一、求巴堂書目附録　二冊
一、蓬庵叢書　一冊
一、日記（内一冊控帳）　三冊
一、書状　一袋
一、帳目並雑篇　二冊
一、横文字写本但表紙付　一冊
一、年番取扱帳　一冊
一、地図御用文案　一冊
一、地図御用留　三冊
一、紅毛文家小本　三冊
一、訂正増訳采覧異言　十四冊
一、絵図但板行　七枚

一、写想絵図　一枚

一、反古類古ふくさに包有レ之候　一包

一、関八洲絵図　一枚

一、日本元図一分五厘　一巻

一、文通反古

高橋作左衛門以下の逮捕

また作左衛門以下の宣告左の通り。

一、一通尋之上揚屋に被レ遣、

御書物奉行天文方兼　高橋作左衛門　四十四歳

二の丸火の番測量御用役に出役　下河辺林右衛門　五十一歳

右於二評定所一大目付村上大和守・町奉行筒井伊賀守・御目付本目帯刀《たてわき》立合、伊賀守申渡（文政十一年十月十日）

一、一通尋之上同道人に預け、返す、

秋元帯刀組御徒天文方高橋作左衛門手附出役　川口源次郎　四十六歳
表火之番右同断　岡田　東輔　三十六歳
御細工所同心組頭八郎右衛門忰右出役同断　門谷清次郎　四十二歳
御書物同心右同断　吉川　克蔵　五十五歳
大御番小笠原備後守組同心　永井甚右衛門　五十四歳
本石町三丁目長兵衛店長崎屋　源右衛門　五十四歳

右於㆓評定所㆒大目付村上大和守・町奉行筒井伊賀守・御目付本目帯刀立合、伊賀守申渡（文政十一年十月十五日）

一、一通尋之上同道人に預け、返す、

西丸御裏御門番頭男谷彦四郎組同心右同断出役　浦野　五助　四十八歳
御書院番頭米津内蔵頭組同心右同断出役　今泉又兵衛　二十八歳

右同断、伊賀守申渡（文政十一年十月二十七日）

一、一通尋之上揚上屋江差遣す、

御書物奉行天文方兼作左衛門総領　高橋小太郎　二十八歳

右於二評定所一大目付村上大和守・町奉行筒井伊賀守・御目附本目帯刀立合、大和守申二渡之一、外続之者（養女小太郎妻に遣候続き）奥御祐筆田中龍之助御目通遠慮（小太郎伯父）同荒井甚之丞御番遠慮（文政十一年十月二十七日）

以上『宝暦現来集』巻十二（呉博士『シーボルト先生其生涯及功業』二三八―二四一ページ）

シーボルト方の手入れ

同年十一月一日（十二月七日）江戸よりの急使が長崎に到着し、長崎奉行本多佐渡守（政収）が小通詞助吉雄忠次郎に命じ、シーボルトが高橋作左衛門からうけとっている日本の地図その他をとりあげようとし、忠次郎は直ちにシーボルトの居宅にいたってすすめて見たが、シーボルトが提出に容易に応じようとしないので、自分の手には及びかねる由を復命した。そこで十一月十日（十二月十六日）朝五ツ頃（八時）検使三人その他三十人ばかりが蘭館に出張し、商館長に対して左の如き申渡があった。

シーボルトへの申渡

阿蘭陀　かぴたんゟ
阿蘭陀外科シーボルト

右之者儀江府御礼罷出候節、高橋作左衛門ゟ度々致二面会一、日本地図並蝦夷図其外相頼、同人より差送候旨、此度於二江府一作左衛門御詮義に相成居候、依レ之シーボルト所持の品々荷物に至迄、封印置レ致、其方共立会之上封解明ケ相改、御制禁之品々取揚、其余之品者無レ搆相渡す、其旨相心得、正路に改を受候様可二申渡一候、

子十一月

日本地図之儀、両三日中差上候様可レ仕候、右者無レ之段かぴたんゟ申出候に付、唯今表達差出候時者、私一命に相拘候間、何卒御内分に而御請取被レ下候様奉レ願候、

外科シーボルト

右之通申出候に付、和解仕差上申候、以上、

子十一月

茂　伝之進　印

西　義十郎　印

末永甚左衛門　印

加福新右衛門　印

吉雄権之助　印

中山作三郎　印

岩瀬弥右衛門　印

外科シーボルト儀御沙汰有レ之候迄、為二相慎一置候様、被二仰付一奉レ畏候、此段以二書付一御請奉二申上一候、

かぴたん　げるまいん、へりつきす、めいらんと

右の通申出候には和解仕差上申候、以上、

子十一月

茂　伝之進　印

西　義十郎　印

末永甚左衛門　印

加福新右衛門　印

吉雄権之助　印

中山作三郎　印

岩瀬弥右衛門　印

（中山家文書）

シーボルト方より押収した左の物品の中重要と思われるものは十月十二日長崎

発、十月二十四日江戸に到着した。

一、日本輿地図　三枚

一、蝦夷地図　一枚

一、カラフト地図　一枚

三国通覧の日本・朝鮮・唐土 並《ならびに》 蝦夷・カラフト・カムサツカ・山丹の辺を認め候図を写候様相見申候

一、蝦夷地図写　一枚

一、日本国切図　九枚

一、分間江戸大絵図　一枚

一、新増細見絵図　一枚

一、琉球国地図　一枚

一、絵此品今便差上不レ申候　一枚

一、江戸名所絵此品今便差上不レ申候　一枚

一、装束図式此品今便差上不レ申候　二冊

一、天気儀・気候儀此品今便差上不レ申候　一冊

一、朝鮮図　一枚

一、浪花筱応道撰但日本図之序此品今便差上不レ申候　一枚

一、同凡例但大日本図之事　一枚

一、堆朱拵付脇差但鍔ナシ此品今便差上不レ申候　一腰

一、黒鞘刀

一、丸鏡此品今便差上不レ申候　一面

一、ケンフル　一冊

此品者銅版ニ出来候事の由、年数七八十年以前より有レ之候由、且又江戸表にも可レ有二御座一旨、通詞共申聞居、乍レ去日本之儀

巨細書取候趣に付取上置申候、相嵩候品故、此度は残置申候、
御沙汰次第取計可レ申候

一、絵図此絵図名は分明に翻訳難し　九枚
一、公家之図此品今便差上不レ申候　一枚
一、古銭此品今便差上不レ申候　七包
一、桶挟間古跡記此品今便差上不レ申候　一枚
一、無間ノ鐘由来記此品今便差上不レ申候　一冊
一、中山刃雉子此品今便差上不レ申候　一冊
一、夜啼石敵討記此品今便差上不レ申候　一冊

（『甲子夜話』続編、高橋一件、『宝暦現来集』）

また同日（十一月十日）シーボルトと高橋作左衛門との間にたって文書の取次をした阿蘭陀大通詞馬場為八郎・小通詞吉雄忠次郎・小通詞並堀儀左衛門・小通詞

末席稲部市五郎が奉行所に呼び出されて町年寄番へ御預けとなったが、十二月二十三日に右の四人が入牢となり、先に文政九年江戸参府に同行した大通詞末永甚左衛門・小通詞岩瀬弥右衛門・同並名村八太郎・同末席岩瀬弥七郎・林与次右衛門・横山喜三太は同役預となった。

シーボルトの取調べと答弁書

シーボルトも同日、文政十一年十二月二十三日（一八二八年一月二十八日）日本国外に出立を禁ぜられ、十二月二十八日（二月二日）には商館長の面前で二十三箇条の訊問書《じんもんしょ》が手渡され、それに対するシーボルトの答弁書が奉行所に提出されたのは文政十二年一月五日（二月八日）のことであった。日本文の問を蘭訳し、答の蘭文を日本文に訳すので、中々手間取った。要旨だけを左にかかげる。

一、(問)八月二十四日附天文方高橋作左衛門宛の書状は誰に頼んで送ったか。

(答)作左衛門に書状を送ったのは一度だけでなく度々あったから、誰に頼んだかしかと返答しかねる。右八月二十四日とあるは一八二七年（文政十年）かと思う。

二、(問)八月二十六日（一八二六年）附の書状に、かねて約束の地図二枚・コップ六箇と、外にプラネタリウムに時計を仕掛けたものを作左衛門に送ったとあるが、誰に頼んで送ったか。

(答)右の品を送ったことは事実であるが、誰をもってということは、しかと申上げ難い。

三、(問)一八二八年二月二十五日附の書状に、通詞ゴノスケをもって別紙一通・ドース入キュンストリーム一、ロールダ＝ハン＝ヱイシン著マレイス辞書一部を作左衛門に、外に一包をリンソー(間宮林蔵)に送るとあるが、右別紙一通と、一包とは何であるか、また誰に頼んで送ったか。

(答)別紙に認めたことをしかとは覚えないが、日本西南方の地図のことか、バロメーテルのことか、私共がマキシマと唱えている島のことか、右三ヵ条のうちのどれかであったと思う。間宮林蔵に送った一包というのは音物《いんもつ》として木綿手拭一つ差上げ、その時の端書に蝦夷産草木の押葉を下され度いと願った。誰を頼んで送ったかはしかと申上げかねる。

四、(問)リットルヤンコック＝ブロムホフ、ゴロビウスとは何ものの名か。

(答)リットルは官名、ヤンコック＝ブロムホフは先年御当地より帰国した商館長の名で、ゴロビウスとは地球のことである。作左衛門様が地理学に御熱心である由承って居るので、オランダ人が彼のことをゴロビウスと通称している。

五、(問)二月三日附書状に、江戸旅行中の地誌の著述にとりかかっていること、シーボルトの経歴した諸地の経度・緯度を測量した分を送る。イカ二部通詞ゴノスケに渡してくれということ、その外、朝鮮の地図、江戸のプラン、リンソーの著書、これまたゴノスケに渡してくれるよう依頼したこと、プラネタリゥムを送った、バロメーテル、長崎港のプラン及びマキシマをのせた地図は後から送るということ。

(答)一々相違ない。イカというはイヤッパンスカールトを略していったので日本地図のことである。二月三日とは一八二八年(文政十一年)のことである。
六、(問)ルの地図を作左衛門より借りて写取り返したとあるが如何。
(答)その通り、ルと申すは琉球島のこと。
七、(問)シーボルト門生の内に託し、バロメーテルにてフハシベルグの高さを測量させ、それより江戸表において右測量の法を作左衛門に伝授したそうだが、その門生の名を聞かせよ。
(答)医術本草その他のウェーテンシスカッペン(天文・地理・物産等そのものの理数を知る学)を門生に教えるうちに、ヨーロッパその他の国においてはバロメーテルをもって高い山を測量する、日本においても富士山その他高い山をこれを用いて測量すれば、日本における地理学発達の用具となるであろうと、バロメーテルを門生にまかせて置いた。またこの測量の法を作左衛門様に伝授したらお役にも立つだろうと物語った。門生のうち誰がしたか、数ヵ月の間門生共に面会していないから、しかと答えかねる。

フハシベルグはフジベルグ（富士山）の読誤り。

八、(問)ウェーセンヤマの高さを測らせたところ四二八七エグレセフートあった、デワのチョウカーサン・ハクサン・キソのオンタケその外の高山を測量して見るようにとあるが、どこの地名か。グレーンウィイチより測るとあるのはどこの地名か。

(答)ウェーセンヤマとは島原の温泉山のこと、その他は日本のうちにあるということのみ承知している。グレーンウィイチは諳厄利亜《あんげりあ》(イギリス)にある測量所である。

九、(問)出島にて一八二八年二月二十五日の書状に、サーベバント一筋、ゲスプ相添えて遣した、また作左衛門より一八二七年七月十九日の書状を差越した時、かねてシーボルトが所望していた二部のカが出来たから都飛脚の帰りに托して送るとある右二部のカとは何のことか。シーボルトより作左衛門に両度書状を遣わした時、諸方にて測量いたす経度・緯度の記ならびにプラネタリゥム共遣わしたとあるが、これはいかなる品か。その外マレイス辞書一部ならびにキュンストキムを送った由、右はいかなる品か。日本西南方の地図一枚送り、右地図はクリュセンステルン及びラベロウゼ(ラペルーズ)その他の航海者の測量した経度・緯度の数字を書き加え、作左衛門が不案内故、カサカシ・タカ・オシマ・メシマ等の島々にも目印をつけておいた。外に作左衛門よりシーボルトへ認《したた》め遣わしたヤプカにも右の島々を書入れるようシーボルトより頼んだというのは事実か。

（答）お尋ねの通り相違ない。しかし書状の日附は覚えていない。二部のカというのは作左衛門様が私に約束されたカールト（地図）のことである。測量の記とは、地理学の解ならびにバロメーテルで測った記録のことである。プラネタリゥムは日月諸星地球の運行を見易きようにした器である。辞書はオランダ語とマレイス語をローダ＝ハン＝エイシンガと申す者の著述した新板の辞書である。キュンストキムは自然のキム（地平）の見えないところ、たとえば海より遠く隔った所で日輪を測るに用いる器である。作左衛門様に私より日本西南方の地図を差上げた。その地図にラペローゼならびにクルーセンステルン、この両人の航海者の見聞を見やすいように私が印をつけておいた。カサカシ・タカ・オシマ・メシマを西洋人はマキシマと唱え、オランダ製作の地図にくわしくのせておるのを記入して差上げた。作左衛門様へ私より申上げたのは、彼《か》の御方より御見せ下された日本地図に所々不備のところがあり、その上マキシマは全く見えないから、御改正なされて然かるべく、その時は右島々を書入れられたい、と申した。

十、(問)長崎の湊《みなと》のプラン甚だ細密につくって送った由。

(答)私の持っている古書より長崎湊の図を写取り、年々入港の船頭共に相尋ね改正しておいた。しかし作左衛門様へ右地図を差上げたかどうか、しかと覚えていない。もしくは学問に御熱心につき、懇意にまかせて差上げることもありうると思う。

十一、(問)作左衛門に、シーボルト先年見た江戸の図のプラン、外に長崎の図のプランを写して送ってくれるように頼んだ由。

(答)御尋ねの通り相違ありません。

十二、(問)前書に二部のカイならびに二のプランとあるは何品か。

(答)二部のカイというは二枚の日本地図、二のプランというは一枚は江戸の図、一枚は長崎の図のことである。

十三、(問)シーボルト今年バタビヤに帰着の上コロノメーテルの最上品を作左衛門に送るといっているが、右はいかなる品であるか。

(答)約束いたしました。コロノメーテルというは極精作の時計で、時を計りまた緯度も計る器である。

十四、(問)かねてシーボルトが借りているカル図一枚、海門のプラン一枚は誰を介して返したか。

(答)カル図とは日本地図のこと。海門のプランとは長州・下ノ関海門のことである。右は長崎奉行様の御帰便に托してお返しいたそうと申上げたが、間宮林蔵様へ差上げた包物のことについて障りが出来《しゅったい》したから、いずれにも頼まず、お返ししていない。

十五、(問)リンゾー著カ及びイの両書を差下すとあるが、いかなる書物であるか。

(答)間宮林蔵様のカラフトならびに蝦夷の記と存じます。

十六、(問)前文作左衛門に頼んで書写させるには費用もかかる筈、その代として書籍・地図その外道具類で、いかなる品を送ったか。

(答)作左衛門様に御願い申上げた地図は請け取っておらぬ、従って代りの品も差上げてはいない。

十七、(問)何なりとも望みの品はグォノスケへ申越すように書いてあるが、グォノスケとは何人か。

(答)江戸参府を指した。子《ね》の春の江戸参府は通詞の権之助が相守って行ったからである。

(通詞張紙)(問)その年加福新右衛門・吉雄権之助が参府いたし居るのに、どうして新右衛門とは書かないで、権之助と書いたのか。

(答)新右衛門は疎遠にしているし、権之助は懇意にしているので、つい本文の通り書いてしまった。

十八、(問)去る亥《い》(文政十年)三月頃シーボルトより作左衛門へ書状をもって、蝦夷地図が大きいから日本地図同様一里壱分五厘に縮図してくれるようにと頼んでいるが、右の書状は誰に頼んで遣したか。また右縮図が出来につき、当春作左衛門より書状をもって差越した由、その時の地図書状は誰が届けたか。

(答)蝦夷の地図を縮図にしてくれるように作左衛門様に御願い申上げたが、何時、誰をもって御願い申上げたかは思い出さない。右御願い申上げた地図はまだ請取って居らぬ。

十九、(問)去る戌《いぬ》年(文政九年)長崎屋源右衛門方にて、シーボルトが長州下ノ関より小倉あたりの写本絵図三尺ばかりなるを出して、よろしいかどうか見てくれというので、作左衛門が一覧いたし、よろしくないと申す。そこでシーボルトがよろしい図を見たいと申すにつき、測量大切の絵図のうち、その辺の所一枚を貸つかわしたところ、シーボルト写し取って、出立前に返した由、写しの絵図がある筈、差出すべし。

(答)私江戸滞留中、下ノ関と小倉との海門の図を作左衛門様に御目にかけましたところ、この図不備のところあるとて、よい地図を写して私に下されたにつき、尚また私手前にて一枚図を写しとりました。右につき両図共差上げるようにする。

二〇、(問)一、クルウセンステルン四冊、一、紅毛属国の図十一枚綴一冊、一、ヂョウガラヒイ四-五冊、一、イギリス本書抜蝦夷記事、一、クワランス、一、金さなだ、右品々は追々にシーボルトより高橋作左衛門へ送った由、誰を頼んで送ったか。

(答)私江戸滞留中、御見舞として作左衛門様御出での時、書籍・地図その外要々の品々を差上げた。右の品々を私の部屋から作左衛門様宅まで誰が持参したかはわからない。

二十一、(問)先だって取上げた絵図面類の内、日本指掌細見図の九州辺のところを縮図にうつしとり、または長崎港内を至て小さく図とりいたしたものもあり、その他、日本・朝鮮・蝦夷・カムサスカ(カムチヤツカ)までのところまでも記したのを見る。これらはいずれもシーボルトの写取ったものと思われる。右は誰より手に入れ、何を元にして認めたか。右の外、朝鮮・琉球・蝦夷の図もあるが、これらはいず方より借り請けて写取ったか。

(答)九州の地図の写は、先だって御取上になった地図(九枚に切ってあるもの)から写した。長崎湊の図は私のこしらえた図に、船頭共が改正した図をもって書き入れた。日本・朝鮮・カムサスカまでの図はラペローセの記より写取り、その外、蝦夷・朝鮮・琉球の図は京都にて買った。

二十二、(問)先だって取上げた日本測量図は、元来一枚であるところ、三つに切り離してあるのはどうしたことか。右の外九枚の切絵、蘭紙で裏うちをして、道中筋・中国船路等を墨引いたし、休・泊など蘭字で書入れがある。右には日本の唱え方を蘭字で書き入れたものがある、その外、測量ならびに右の図とも、所々片仮名で仮名をつけているが、右をすべてシーボルトが書入れたか、または片仮名などは余人が書入れたのであるならば、そのものの名を申聞かせよ。

(答)右一枚を三つに切り離した地図は、そのままでは、机の上にひろげきれないから、机の上で見やすいように切り離した。九ツに切り離した地図に片仮名書きのあるのは、京都で地図を買入れた時に、商人に頼んで書いてもらった。その名前は存じていない。

二十三、(問)この間差出した蝦夷地紀行の外に、右様の写本があったなら、残らず差出せ。

（答）この間差出した間宮林蔵様著述の如き書は外に一切もっていない。

右之通御答奉㆓申上㆒候。

外科シーボルト

立合かぴたんゲルマイン＝ヘーリッキス＝メイラント

右之通和解《わげ》差上申候。以上。

丑《うし》正月（文政十二年一八二九年二月）

石橋助十郎

中山作三郎

（中山家文書）

右の答弁書が奉行所に提出された後も、度々関連質問があり、シーボルトはこれに答弁をしている。文政十一年十二月二十六日（一八二九、一、三一）川原登与助入牢、翌文政十二年正月十五日（一八二九、二、十八）高良斎《こう》入牢、正月二十五日（二、二八）二宮敬作入牢するなど、シーボルト関係者二十三人が獄屋につながれることとなり、出島の警戒は厳重を極めた。またシーボルト方を捜査したところ葵《あおい》紋附の帷子《かたびら》等が発見された。

天文方高橋作左衛門より外科シーボルトゟ日本地図等相送候に付、先達而《せんだつて》シーボルト部屋為《させ》ニ相改一、御制禁之品々取上候処、右之外にも御制禁之品所持いたし候趣に付、家来共差遣、品々取上、右之内に者、葵御紋附帷子其外九州辺之地図等茂有レ之候間、右之外にも御制禁之品所持致し可ニ罷在一間、猶又かぴたんよりシーボルトゟ申聞《もうしきけ》、御制禁之品者不レ残差出候様可レ致候、

丑正月（文政十二、正、二九 一八二九、三、四）（中山家文書）

葵の紋服

右の葵の紋服は江戸滞在中将軍の侍医で眼科医として当時有名であった土生玄《はぶげん》

碩《せき》（明和五年－安政元年 一七六八－一八五四）が開瞳剤《かいどうざい》をシーボルトから伝授を受けようとしたが、きかれなかった。或る日登城の帰途シーボルトを訪い、またいい出した。その時シーボルトが玄碩の着ていた葵紋服をほしがっている様子なので、葵の紋服をぬいでシーボルトに与えてその薬名をきくことが出来て、わが国の白内障《はくないしょう》の手術はこれによって一段の進歩をしたのであった。玄碩は文政十二年十二月十六日（一八三〇、一〇）改易《かいえき》を申渡された。

土生玄碩

西丸奥医師土生玄碩（寅六十九）

同道人寄合医師久志本左京・上田東哲

先達而阿蘭人江戸逗留中、倅《せがれ》玄昌儀為二対話一罷越候処、外科シーボルト儀、眼科療治之奇薬所持致し候旨承り、其方へ申聞、右者《は》眼科第一之妙薬と相聞、且は疑敷《うたがわしく》も存、其方儀旅宿ゟ罷越、シーボルトゟ対話致し、功能をも試み候処、実に希代《きだい》之薬験有レ之に感伏致し、万人之助にも可二相成一儀に付、伝授受度存、夜中忍候而、度々罷越、阿蘭陀《オランダ》人と懇意を結び候得共、容易に者伝授致間敷、カピタンへ相頼候はゞ可レ然と存付、カピタン之歓《よろこび》候品遣し度、居合候者之教に任せ、何之思慮も無レ之、着し居候御召御紋之羽織を差遣、薬法伝授之儀取計呉候様相頼申処、シーボルト儀も右体之品望之趣、申聞候に付、其後時服《じふく》御紋付御帷子差遣し候処、薬法伝授致し呉候間、為ニ謝礼一尚又御紋服差遣候段、縦令《たとい》私欲にかかはり候儀には無レ之、不レ弁之儀に候共、御国禁を背《そむき》候段、不届至極候、依レ之改易被ニ仰付一者也、

長男奥医師土生玄昌は切米を召放たれた。

高橋作左衛門以下への判決

さてシーボルト事件の一方の当事者である高橋作左衛門は文政十二年二月十六日（一八二九、三、二〇）の朝六ツ時牢中にて病死し、十八日御目付本目帯刀、御徒目付上村吉兵衛・吉川十郎兵衛牢屋敷に赴いて死骸検分あり、十九日死骸を塩漬にし、文政十三年三月二十六日に至って裁判が確定した。その申渡書にいわく、

御書物奉行天文方兼帯　高橋作左衛門　寅四十六歳

地誌並《ならびに》蘭書和解《わげ》之御用相勤罷在候に付、御用立候書籍取出差上候者、御為筋にも可ニ相成一旨、兼而心掛候由は申立候得共、去る戌《いぬ》年江戸勤之阿蘭陀人外科シイボルト、魯西亜《ロシア》人著述之書籍・阿蘭陀属国之新図等所持致候趣、通辞吉雄忠治郎より及レ承、右書類手に入、致ニ和解一差上度、一図に存込、懇望致候得共、容易に不ニ手放一候間、忍候而度々旅宿へ罷越、懇意を結候上、右書類交易之儀申談候処、シイボルトも日本並《ならびに》蝦夷地之図有之候はゞ取替可レ申旨申聞候得共、右地図異国江相渡候儀、御制禁に有レ之候哉《や》と存候得共、右に拘《かかわ》り珍書取失候も残念に存、下河辺林右衛門江申付、先年御用にて仕立候、測量之日本並蝦夷之地図・地名等差略致、新規に為《させ》ニ仕立一両度差贈、右書籍貰請、並東韃紀行・北蝦夷紀行・九州小倉下之関辺之測量切絵図等貸遣し、其後シイボルトよりエトロフ・ウルップ辺迄引続之絵図仕立呉候様申越に付、差贈候心得にて、是又林右衛門江申付、仕立出来候得共、望之書類手に入候上は、最早差遣し候には不レ及儀と、追て心付、右絵図は不二差贈一候共、右之次第及二露顕一御詮議之上、シーボルト帰国不レ致内、地図其外は取上候得共、右躰不二容易一之品、阿蘭陀人江相渡、重き御国禁を冒《おかし》候段、不届之至、剰《あまつさえ》平日役所御入用筋之儀、仮令《たとい》私慾は無レ之候得共、勝手向入用と打込に遣払紛敷《まぎらわしく》取計、其上身持不レ慎之儀も有レ之、旁《かたがた》以御旗本之身分には有レ之間敷儀、不届之至に付、存命に候得ば死罪被二仰付一者也、

右之通に可レ被二仰付一者に候間、其趣を可レ存段、一件之者共江申渡候、

　右文政十三年寅《とら》三月二十六日於二評定所一大目付村上大和守申渡、町奉行筒井伊賀守・曲淵勝次郎立会、但町目付平手帯刀病気に付如レ右、

右高橋作左衛門被二仰渡一人天文方吉田勇太郎・小普請組長井五右衛門支配佐藤十兵衛、

作左衛門の長男天文方見習小太郎（寅二十五）と次男作次郎は遠島に、部下下河辺林右衛門（寅五十三）は中追放、川口源次郎（寅四十八）・吉川克蔵（寅五十七）・門谷清次郎（寅四十四）は江戸十里四方追放、永井甚左衛門（寅五十六）は江戸払、浦野五助（寅五十）は三十日押込《おしこめ》、今泉又兵衛（寅三十）は五十日押込、事件審理中自殺した同じく作左衛門部下岡田東輔（寅三十八）に対しては屋敷開・扶持方召放を、右岡田東輔自殺の件に関係した大場斧三郎は押込、出野金左衛門は叱り置、豊田伝次郎は無レ構《かまい》、それからシーボルトが江戸参府当時滞在していた旅宿主人長崎屋源右衛門（寅五十六）も不取締という理由の下に五十日手鎖《てぐさり》を、またシーボルト参府当時長崎在勤であった長崎奉行土方《ひじかた》出雲守（勝政）は不行届申聞かす、江戸在勤の長崎奉行高橋越前守（重賢）は不念のことにより差控《さしひかえ》を、江戸出府当時附添検使であった水野平兵衛（寅四十二）は百日押込《おしこめ》を、江戸参府に同行した阿蘭陀大通詞見習吉雄権之助は急度叱《きっとしかり》を、小通詞並堀儀左衛門は役儀取放《とりはなち》・押込を、大通詞末永甚左衛門は大通詞取放・押込申付け、元株にて町年寄支配無役申付け、小通詞岩瀬弥右衛門は押込、小通詞並名村八太郎・同末席岩瀬弥七郎は押込、それから江戸参府に同行した出島の役人御役所触頭《ふれがしら》林与次右衛門・同御役所附助横山喜三太は押込、阿陀蘭稽古通詞見習荒木豊吉・同内通詞小頭《こがしら》見習田中作之進・同菊谷藤太・阿蘭陀通詞附筆者小頭木村宗次右衛門・同筆者北村元助・吉田喜久蔵・木村儀三郎は急度叱、御役所勝手小使半七は急度叱、阿蘭陀人部屋付源之助・出島出入日雇弁五郎・熊吉は一同数月入牢につき咎《とがめ》の沙汰に及ばず、阿蘭陀人部屋付藤七・茂三郎・儀八は数月入牢につき咎の沙汰に及ばず、儀八は過料《かりょう》三貫文を申渡された。同じく江戸参府にシーボルトに同行した町医師二宮敬作は江戸お構《かまい》・長崎払、町医師高良斎は居町払、町医師渡辺幸造は急度叱《きつとしかり》、出島出入絵師川原登与助は叱り置、出島役所小使政五郎は急度叱と申渡された。次にシーボルト事件に関係の最も深かった大通詞馬場為八郎（寅六十二）は永牢《えいろう》申付け佐竹壱岐守へ預《あずけ》（後に羽後由利郡亀田城主岩城伊予守隆喜へ預替）、小通詞末席稲部市五郎（寅四十五）は永牢申付け上州甘楽《かんら》郡七日市城主前田大和守利和へ預、小通詞助吉雄忠次郎（寅四十四）は永牢申付け羽州置賜《おいたま》郡米沢新田城主上杉佐渡守勝義へ預、とそれぞれ判決があった。

シーボルトに対し国禁申渡

シーボルトに対しては、文政十二年九月（一八二九年十月）二十五日立山役所に長崎奉行本多佐渡守正収・大草能登守高好立合にて、「以来国禁申付《もうしつく》」と申渡された。

シーボルト

一、其方儀先達《せんだって》而参府之節、天文方之者と懇意を結び、品々貰請、其上療法蘭法医術等執心《しゅうしん》之医師共ニ者《は》、所々に而《て》伝授致し、殊に在留中、又者道中筋に而も、療治相頼候者共ニ者、薬剤或者手術等相施し、右之者どもより相送る品之内に者、御制禁之品も有レ之処、通詞共ニも不二申聞一受納致し、剰《あまつさえ》相尋候節に至り、一段申偽候段、初而渡来之儀に而御制禁と申儀者不二相弁一とも、御国法を背《そむき》、御制禁の品々持越段、不埒《ふらち》之事に候、依レ之貫請候品取上げ、以来国禁申付候、

一、シーボルト江引合候当地之もの共も、夫々《それぞれ》可レ処二厳科《に》一候間、其旨可レ存、

右被二仰渡一候趣、奉レ畏候、依レ之御請書《おうけしよ》奉二差上一候、

シーボルト

右シーボルト江被二仰渡一候趣、奉レ畏候、当年帰帆之節、咬𠺕吧《カルパ》頭役共江、具《つぶさ》に申遣候様可レ仕候、依レ之乍レ恐此段御請書奉二差上一候、

かぴたん　げるまいん゠へえりつきす゠めいらんと

右之趣横文字書付を以、御請申上候に付、和解仕、差上申候、以上。

丑《うし》九月

茂　伝之進　印

西　義十郎　印

加福新右衛門　印
石橋助十郎　印
中山作三郎　印
今村猶四郎　印

問題の日本図

さてここでこの事件の山ともいうべき高橋作左衛門よりシーボルトが交付された日本図は、前にシーボルト方より押収した物品のうち、日本輿地図三枚とあるのが、現に上野図書館所蔵の日本図三枚がこれであろうといわれている。大谷亮吉氏がその著『伊能忠敬《ただたか》』の中で左の如くいっている。

そは伊能忠敬製作の地図より脱化せる一種異様の地図にして、図は三帖より成り、所用の縮尺・経緯線の形式は、全く伊能氏の特別小図と同様にして、西南屋久島・種子島より東北津軽海峡に至る迄の地域に於ける沿海街道の実測線・山嶽・河川・国境線の位置及びその描画方法も亦毫《ごう》も特別小図と異る所無く、たゞ蝦夷の地につきては、文政四年製の各種の地図に比すれば著しく改訂せられ、内部の山間にも大に実測線路の数を増加せるのみならず、各地の経度の如きもこれらと同じからず。又国後《クナシリ》の東半部・択捉《エトロフ》・得撫《ウルップ》等曩《さき》に登載《とうさい》せざりしものも新に補入せられ、更に樺太全部及び黒龍江附近の地域をも併せて載録せらるゝを見る。この樺太及び黒龍江附近は明に間宮林蔵の地図に基きたるものにして、同地方は樺太の東北海岸の外は、倫宗《ともむね》が親しく踏査したるも、正確なる実測を行ひたるにあらざるを以て、其位置大に正鵠《せいこう》を失し、樺太島全部は北緯四十六度弱乃至五十一度弱の所に描出せられ、現今日露の境界線たる北緯五十度の地に相当する附近は図上四十八度内外の位置に画かれ居れり。その図の最も特異とする所は城下・陣屋・港浦等の符号を記さず、且つ国名及郡名を除くの外の地名は、伊能氏の特別小図に比すれば多少省略したる上、凡て片仮名を以て記入せることとなり。この図幅が忠敬の部下の手に成りしことは図上に記入せる諸文字の筆蹟が、文政四年製諸図上に見る所のものと同一にして、形容・彩色等の末に至るまで、亦これ等の図と其軌を一にせるに徴し、疑を容《い》れざる所なり。高橋作左衛門景保《かげやす》の判決書の一節に「シーボルトよりエトロフ・ウルップ辺迄引続候縮図仕立呉候様申越候に付差送候にて、是亦林右衛門へ申付仕立出来致候得共、右絵図は不㆓差贈㆒」とあるによりて観れば、この図は蓋し景保がシーボルトに贈らんとして果さざりしものなるべし。殊に片仮名を以て地名を記せるは、外人に便ならしめんが為めの用意なるべく、益々疑獄事件の遺物なるを証するに似たり。

シーボルトは地図類を急いで謄写し、他の重要文献・標本等とともに、これを海外に持出すに成功したのであった。呉博士の考証を引用する（『シーボルト先生其生涯及功業』一六五—一六七ページ）。

一八二八年十二月十六日（文政十一年十一月十日）吉雄忠次郎によりて事の急なる

地図その他重要文献の始末

ことを知ったシーボルトが、

『たゞ咄嗟《とっさ》の緊急問題は蝦夷・千島の地図を如何にすべきかと云ふことなりしなり。是れ余が幕府の天文方より得たる最も貴重なる地学的原文書《ドクメント》なれば、之を救ふこと目下の緊急要務なりし故なり。余は午後を通じて家内に閉籠《とじこも》り、夜間も休まず、翌朝までかゝりて此地図の忠実なる謄写とその本文の翻訳とを試みつゝ、かゝる危急の場合には憂慮と煩悩とだけにても眠り得ざるべき一夜をば、此の如き骨折る業《わざ》にて過ごしたり。さて次の日は十二月十七日(我が十一月十一日)なり。午前十時頃吉雄来りて昨日の地図は役所に引き上げ押収されたる旨を語り、「自分が江戸より齎《もたら》せし蝦夷図も今は引渡さずしては叶《かな》はず。先生の家宅も明朝は捜索せらるべし」と告げたれば、余は「すべき丈のことは為さずしては已《や》むべからず」といひ、吉雄も「捕縛さるゝも今は目前なり」と云ひしが、余は彼に蝦夷図の正本を与へたるに、彼は心も挫《くじ》け気も滅入《めい》らんばかりにして立ち去りたり』云々。シーボルト先生はかくてその蒐集材料の内一部は審理厳重なりしために之を奉行所に引渡し、一部は審理進行中都合のため、日本に於ける知人門生を救はんがために同じく之を奉行所に引渡したるが、かゝる際に於ても猶ほ自分の研究、殊に日本の地文の研究を遂げんがために、聊《いささか》なりとも失ふことの少なからんことに勉め、高橋作左衛門が命にかけて与へ呉れたる日本地図はなるべく之を引渡さゞらんと志したり。シーボルト先生は家宅捜査のあらんことを予知せる日、咄嗟《とっさ》の間に夜を籠《こ》めて重要なる地図を写し取りしなり。また『次の日には日本人たる知友も来らず、書生の一人も来らざりしかば、余(シーボルト先生)はたゞ独り何慰《なぐさ》むることもなくて居たるが、遽《にわか》にまた決心の臍《ほぞ》を固めて、日本国志の研究論評に欠くべからざる材料、地図・原本・写本・刻本などを鉄葉の大箱に納めて荷造し、出来得る限りこれを隠匿《いんとく》し、さて又此事件の顚末を和蘭商館長マイランに報告することゝし、蝦夷地図の写しを巻きて筒に封じ、これを携へて館長方に赴き、事の成行き如何なるべきかを陳述し、同時に地図の筒を同人に授けて、こは重要なる原本なればとて、蘭館内の宝庫に蔵《おさ》めんことを依頼し、いかなることありとも決してこれを手放すことなく、已《や》むなき場合にても地学上の発見は重要なれば、それ故かゝる所為に及びしものなることを証言せんことを依頼したり』。（中略）

シーボルト先生に対する直接の審理は之を日本の文書と対照するに、長崎奉行所にて事件の取調に着手して十日の後に行はれたれば、吏員がシーボルト先生の家宅等に臨検して、彼の所持せる禁制の図書全部を押収し得たりと信じたるも、実際に於ては其大部分は既に和蘭又は瓜哇《ジャワ》に送られ先生の手に残りてありしものも、なほ一部分は取上げられずして後に欧洲に伝へられたるなり。（呉博士『シーボルト先生其生涯及功業』二六五―二六七ページ）

日本を去ってヨーロッパへ

そのぎ

文政十二年十二月五日（一八二九、一二、三〇）シーボルトが日本を去った。師走《しわす》の風が文字通り冷く感ぜられた。国禁すなわち「日本御構《おかまえ》」という申渡をうけて、六年間住みなれた日本に永久に別れを告げるシーボルトの胸中は、どんなであったろうか。シーボルトを乗せたオランダ汽船コルネリゥス＝ハウトマン号 Cornelius Houtman は、この日早朝にすでにと

お　い　ね

もづなをといて、間もなく船が港口小瀬戸にさしかかった時、小さい日本形の漁船が汽船の方に漕ぎよせ、その中から一人の漁夫があらわれてしきりにわかれを告げている。しばらくあって汽船からボートに乗りうつってこの漁船の方に漕ぎよせるものがある。それはいうまでもなくシーボルトで、漁船には漁夫に変装した高《こう》良斎・二宮敬作の門人が其扇《そのぎ》とお伊《い》禰《ね》を伴って先生に最後のお別れをしに来たのである。何という切ない情景であろう。

シーボルトが生れて正に二歳八ヵ月になる愛児のお伊禰の養育を信頼する門人

高・二宮の二氏に托したのである。長崎の漆工に命じて香盒《こうごう》をつくらせ、その蓋《ふた》の表と裏に「そのぎ」と「おいね」母子の像を青貝にちりばめさせ、中に二人の髪の毛を入れて、記念に欧洲にもちかえってそのなつかしいおもかげをしのんでいた。後日本に再渡来の時にこれを持って来たが、今は用がないからとてこれを楠本《くすもと》家におくり、現在楠本家から市立長崎博物館に寄贈されてシーボルトの遺品中の逸品とされている。

日本関係事務嘱託

シーボルトが一八三〇年一月二十八日（天保元、一、四）バタビヤに到着し、総督バロン＝ファン＝コークに面会してシーボルト事件の報告をなし、その承認をえて書物と蒐集した資料を携えて、三月五日汽船ジャワ号でバタビヤを出発してオランダに向って航海をつづけ、同年七月七日無事フリッシンゲン港に着いた。翌一八三一年四月三〇日オランダ政府より蘭領東印度陸軍参謀部付を命ぜられ、日本関係事務を嘱託された。

ヨーロッパ学界の歓迎

ライデンにおける住宅

ヨーロッパの、特にオランダの学界ではシーボルトの帰国を親愛と尊敬をもって迎えた。間もなくライデン市のラーペンブルフ Rapenburg 十九番地という静かな町に大きな家を買って住まった。もと地方裁判所跡という。日本から持ちかえった資料の整理に着手すると同時に、その居宅の大半を割《さ》いて日本の美術工芸品などを陳列しておいた。

一八三七年（天保八年）オランダ政府はシーボルトの蒐集した日本の品物全部を買いとったが、そのままその家において、これまで通りに注意監督してもらうためであった。その後一八三九年（天保十年）政府はシーボルトの所有地パールデンステーヒ Paardensteeg に新たに博物館を建ててそこにこれをうつした。ライデン大学図書館に保存されている、この博物館のこの年から一八四五年（弘化二年）まで七年間の参観人芳名簿があり、開館当時の芳名簿の筆頭は、ロシア皇太子、後のロシア皇帝アレキサンドル二世の自署があり、その次にはオランダの皇太子、後の国王ウイルレム二世、その次にはドイツ国王フリードリヒ＝ウィルヘルム四世の自署があり、その次にはウイルレム二世から招待されて参観に来た諸名士の署名がある。

この博物館が一八五九年（安政六年）再びライデン市ブレーストラート Breestraat に移され、その後も幾度かの変遷があるが、今日のライデン国立民族学博物館の基礎をなしている。

シーボルトがまた日本からもちかえった日本植物を植えるために、ライデン市のライン河畔の低い土地を買い入れ、それをジャルダン＝ダクリマタシオン Jardin d'acclimatation と命名した。これはヨーロッパの風土に馴らすための植物園という意味であるという。この植物園の中に、ささやかな別荘をつくり、これに「日本」Nippon という名をつけた。またこの別荘中に母堂のために別に小さい家を建て、これに「日本の後《うしろ》の国」Achterland by Nippon という名をつけた。

ヘレーネ＝フォン＝ガーゲルン（婚約中，1844）

母堂が一八四五年十一月（弘化二、一〇）死ぬまでこの家に住んでいた。またシーボルトが一八四二年十一月十七日（天保十三年）オランダ国王からヨンクヘール Jonkheer の爵位をうけ、一八四五年七月十日（弘化二年）四十九歳でドイツの古い貴族の令嬢ヘレーネ＝イーダ＝カロリーネ＝フォン＝ガーゲルン Helene Ida Calorine Freiin v. Gagern と結婚した。丁度右に述べた別荘の建策中毎日のように新夫人とともにここを見廻り、時々ここで昼食をとったという。長男アレキサンデル Alexander は翌一八四六年(弘化三年)八月十六日にここで生れたのであった。

日本研究の仕上げと出版

シーボルトの生涯をうちこんだ仕事は、日本を万有学的すなわち科学的に研究して、その成果を世界の学界に発表提供することであった。シーボルト事件のような思わぬ災難のために幾多貴重な研究資料を失ったが、それでもなお驚くべき程の蒐集品・研究資料をもって帰ることが出来、且つオランダ政府の理解と寛大によって、それを自由に整理し研究することが出来たことは幸いであった。

それについて、ここで是非紹介したいことがある。それはシーボルトが非常に優秀な、そして忠実な助手をもったことである。一人は郭成章《かくせいしょう》で、もう一人はホフマンという。郭成章 Ko-tsching-dschang は広東《カントン》大埔《たいほ》県の人で乾坤草堂《けんこんそうどう》主人と号した人で、シーボルトの『日本』に中国服のようなのを着た肖像がのってい

郭成章

る。中国語・マレー語でシーボルトを助け、次にいうホフマンの中国語先生ともなった人であるが、その伝記は全くわからないといってよい。ジャワに多い華僑《かきょう》の一人であったろう。シーボルトが僅か一ヵ月のバタビヤ滞在中に彼をさがし当てたことは非常に幸運だったといわなければならない。

幸運といえば、次のホフマンとのめぐりあいはもっと劇的な幸運であった。ホフマンはシーボルトと同じウュルツブルグの生れで、しかもシーボルトの方は十年の年上であるが、生れた月日の方は同じといってよい。シーボルトは一七九六年二月十七日、ホフマンは一八〇五年二月十六日夜十二時というのも不思議なことである。ホフマンは生れつき芸術家肌の人であったらしく、言語学に興味をもってはいたが、美声のもち主で、一時オペラ役者になろうかと考えたこともあった。一八三〇年の夏二十六歳の多感な彼はアントワープに遊び、ゴチック風の会堂の建築やルーベンスの絵画などを観賞して、七月十七日の夕方、とあるホテルに入った。やがて食堂に入ると、食卓の向側に一人の壮年の紳士が、フランス語・オランダ語・マレー語をまぜながら極東旅行談に花を咲かせている。彼も興味ふかく傾聴しているうちに、その発音の工合からいって、どうも彼が同郷人であるに相違ないという気がした。彼の同郷人で極東日本に行っているシーボルトの名は彼も知っていたから、思いきって聞いて見た。「あなたが極東にいらっしゃったとすれば、ドクトル＝フォン＝シーボルトを御承知ではありませんか」。「そのシーボルトが私ですよ」との答えであった。私もウュルツブルグ生れの者ですという具合で、ゆくりなくもここにこの二人の心が新しい友情でむすばれた。考えて見ると、シーボルトがフリッシンゲン港についたのは一八三〇年七月七日で丁度十日前のことであり、フリッシンゲンはアントワープ市の外港で、そこからシェルデ川をさかのぼって市に達するのである。シーボルトがここで荷物のことなどがあって滞在していたものと思う。とにかくそのままホフマンがシーボルトの助手になることになり、十月共にライデンにおちつくことになった。そして彼はシーボルトのよいアシスタント(助手)であったばかりでなく、後にライデン大学教授としてヨーロッパで最初のヤパノロギー(日本学)の講座を担当し、多くの著書・論文をもつ大家となって、一八七八年(明治十一年)一月十九日七十二歳で多彩な生涯を閉じた。彼の小伝をフランツ＝バビンゲル F. Babinger が一九一二年九月ウュルツブルグ史学会で出版した記念論文集に書いている。その抜刷を先年オランダ留学中に幸田《こうだ》成友《しげとも》博士と共々手に入れて読んだものである。それを種にして私が昭和十年四月「欧洲に於ける日本学建設者としてのシーボルト」(『日独文化講演集』第九輯)のうちに語り、幸田博士は昭和十五年の九月に「ヨハン・ヨゼフ・ホフマン」(『史話南と北』に収む)と題して詳細な研究を発表されたのであった。読者よ、私のなつかしい思い出についつい筆を走らせたことをゆるしていただきたい。

右の外、植物学のツッカリニ、動物学のうち脊椎《せきつい》動物に関してはテンミンク博士ならびにシレーヘルの、無脊椎動物に関してはデ＝ハーンの協力を得て研究をすすめた。ツッカリニ教授 Joseph Gerhard Zuccarini はミュンヘンで一七九七年八月十日に生れ一八四八年二月十八日に同地で死んだ植物学者で、ミュンヘン大学の教授になった人である。早くからシーボルトの助手ビュルゲル Dr. Bürger が日本から送ってよこした植物の標本の検定をし、シーボルトの

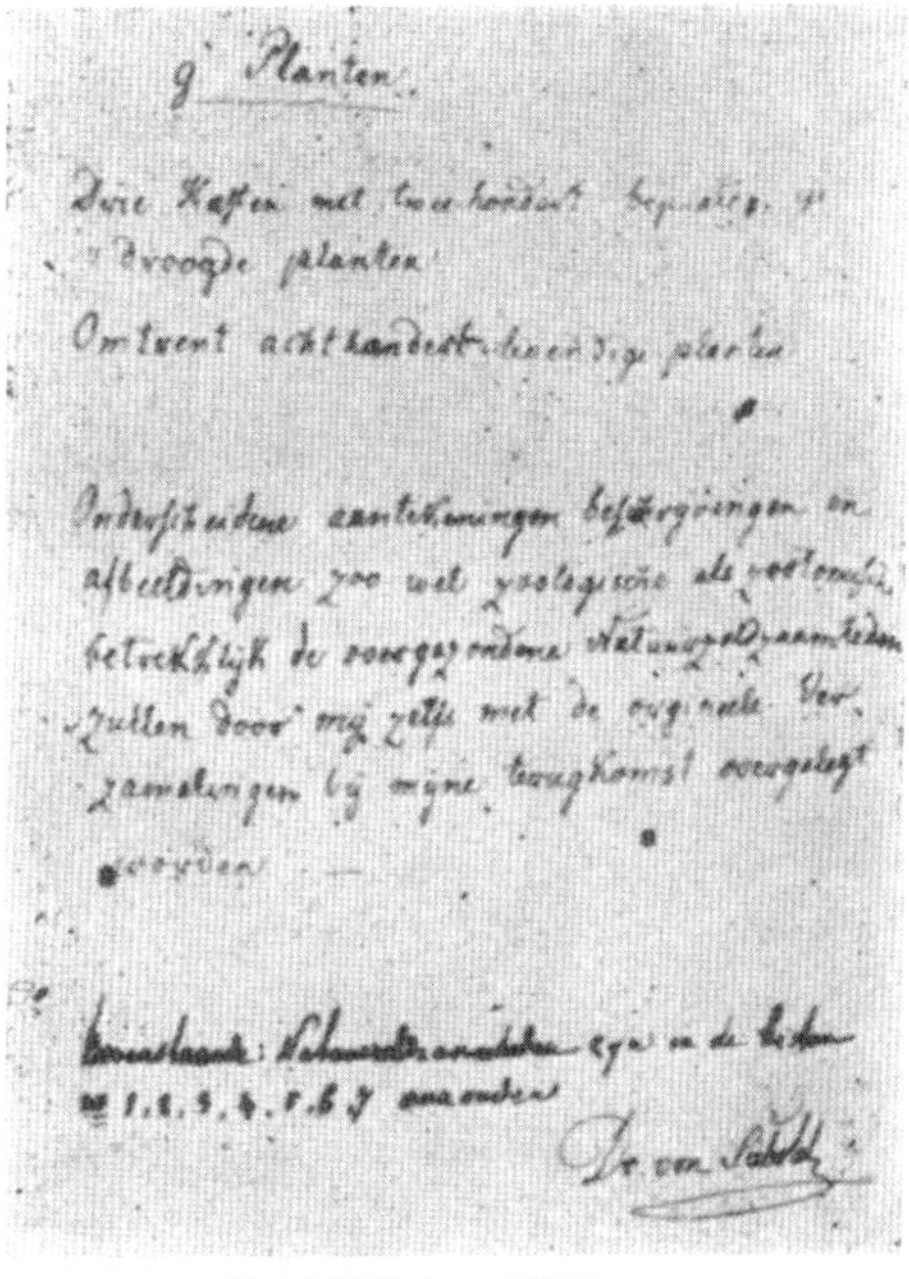
9 Planten

『日本植物志』の原稿

『日本植物志』Flora Japonica 一八三五年版の第一編の編纂を担当した。

日本植物志は植物文献刊行会によりて、昭和七年十月複刻されている。原本を二分の一に縮版して一冊に合綴し、巻末に牧野富太郎博士の跋文を加えている。

ミュンヘンのバイエルン国立図書館に日本植物についてツッカリニ教授に宛てたシーボルトの書翰七十通が保存されている。一九二八年十月私がこれを一見した。すなわち左の通りである。

一八三三年	一―三号	一八四一年	五〇―六一号
一八三四年	四―八号	一八四二年	六一―六五号
一八三五年	九―一二号	一八四三年	六六―六七号
一八三六年	一三―一六号	一八四四年	欠
一八三七年	一七―二一号	一八四五年	六八号
一八三八年	二二―三五号	一八四六年	欠
一八三九年	三六―四二号	一八四七年	六九―七〇号
一八四〇年	四三―四九号		

動物学の協力者テンミンク博士 Coenraad Jacob Temminck は一七七八年三月三十一日にアムステルダムに生れ、一八五八年一月三十日にライデンで死んだ。一八二〇年からライデンの国立博物館長であった人である。デ=ハーン de Haan やシュレーヘルは彼の共同研究者であった。シュレーヘル Hermann Schlegel は一八〇四年六月十日ザクセンのアルテンブルグで生れ、一八八四年一月十七日ライデンで死

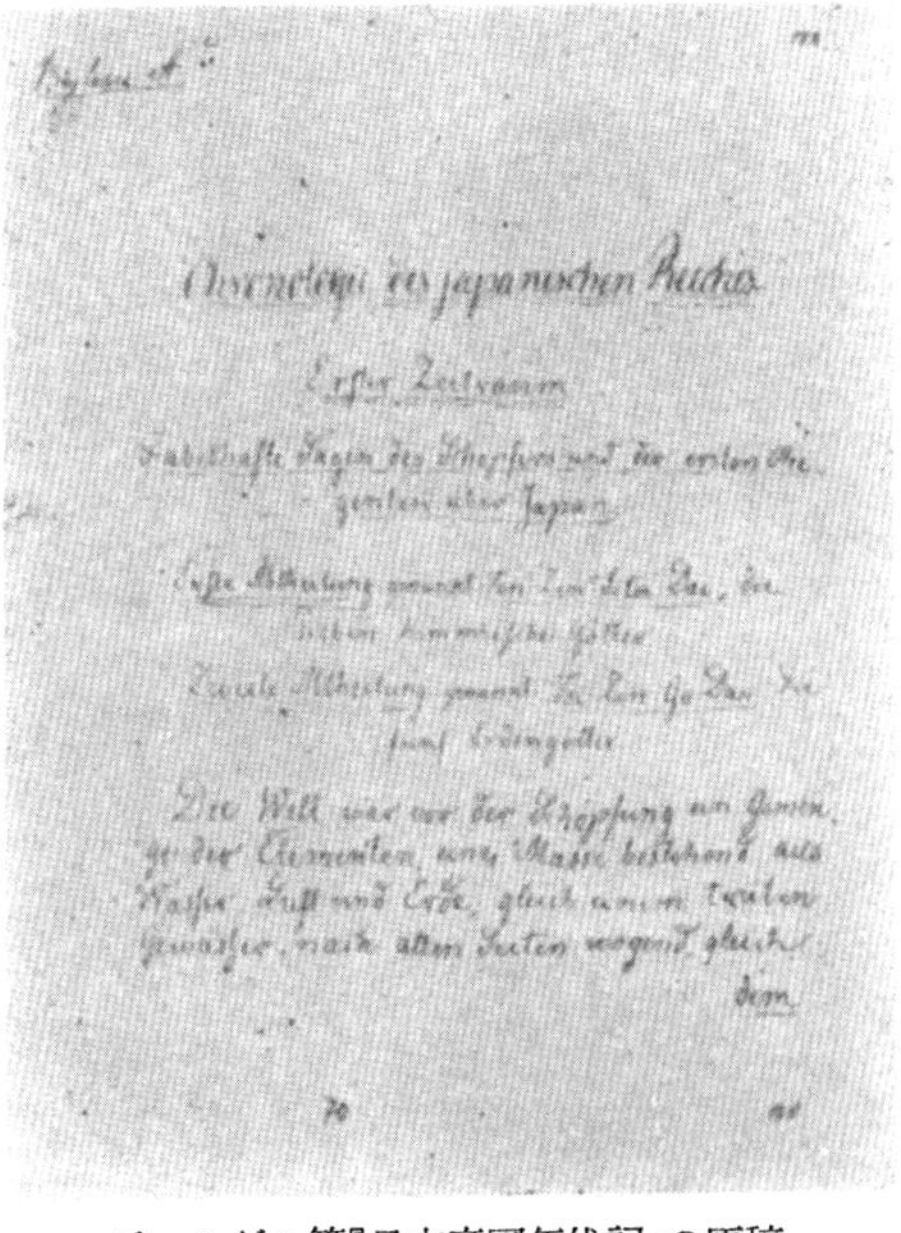
Chronologie des japanischen Reichs
Erster Zeitraum

ビュルゲル筆『日本帝国年代記』の原稿

んだ。テミンクの死後、同博物館の館長に任じた人である。

『日本動物志』Fauna Japonica 一八三三年―五〇年 五冊

右の四冊は脊椎動物部、一冊は無脊椎動物部である。

植物文献刊行会によって昭和九年五月から同年十二月までに『日本動物志』が原本を忠実に複刻し、四冊に分冊し、各冊に解説を加えている。第一冊甲殻類は中村毅一博士、第二冊魚類は田中茂穂博士、第三冊哺乳類は黒田長礼博士と岡田弥一郎博士、第四冊鳥類は黒田長礼博士である。

なおシーボルトに代って日本における万有学的調査研究を担当したビュルゲル Dr. H. Bürger、その後任のピエロー Pierot、またその後任のテキストール Textor との連絡をたやさなかった。

『日本』

次にシーボルトの日本研究の総まとめともいうべき『日本』について述べよう。

詳しくは『日本・日本とその隣国及び保護国蝦夷南千島列島樺太、朝鮮琉球諸島

記述記録集』Nippon. Archiv zur Beschreibung von Japan und dessen Neben- und Schutzländern : Jezo mit den südlichen Kurilen, Krafto, Kooraï und den Liukiu Inseln. Leiden 1832.

という。『日本』の初版本はまとまった一部の書物として出版されたのではなく、分冊として追々に出版されたものである。第一分冊がライデンで出版されたのが一八三二年（天保三年）で、同年二月附の著者の序文がある。オランダ国王ウィルレム二世の庇護のもとに自費で出版し、アムステルダムのミュレル会社 Muller およびライデンのファン＝デル＝フック会社 van der Hoek から発売され、少なくとも一八五七年過ぎに至るまでの間に二十二冊の分冊として予約者に配布せられたものである。印刷の用紙や挿画の色刷の有無によって三種に分けられたという。最初百五十部乃至二百部であったものが、最後の琉球島の記事は六十部しか摺《す》らなかったという。したがってはじめから全部を完全に保有しえた人は極めて少数の人に限るということになる。私が一九二八年（昭和三年）ハーグの書店ナイホフ Martinus Nyhoff で五冊（本文三冊図版二冊）に製本された豪華版が出ているのを見た。書店の話では、こんな立派な本は世界中にも稀れであろうということであった。どうかして日本に買いたいものだと思い、丁度恩師黒板勝美先生の外遊されてオランダに立ち寄られたのを幸い先生にねだってその本を買うこととし、当時の公使広田弘毅氏に一時お金をたてかえてもらった。同年三月十日に発送した。これが細川護立氏の所蔵本になっているものである。右の初版本の外に、一八九七年（明治三十年）シーボルト誕生一百年を記念してシーボルトの二子アレキサンデルとハインリヒ二氏が日本の朝野の後援をえてウュルツブルグの書林ウエール Woer より第二版（小形二冊本、図版を多く省略す）を出し、一九二八年（昭和三年）シーボルト誕生百三十二年に当りトラウツ博士 Dr. Trautz らの尽力でベルリン日本学会より第三版（初版形、本文二冊、図版二冊、索引一冊の五冊本）が出された。また本書の一部分はドゥ＝モントリ及びフレシネによって仏訳され、「日本の旅行」と題して一八三五年（天保九年）パリーにおいて刊行された。また本書の或る一部が英人によって英訳され、「日本人の風俗習慣」と題して、一八四一年（天保十二年）及び一八四五年（弘化二年）にロンドンで前後二回、一八五二年（嘉永五年）にニューヨークで一回刊行された。また二書は露訳されて一八四〇年（天保十一年）ロシアの雑誌に二回、それから一八六〇年（万延元年）スペインの雑誌にも掲載された。

以下本書の目次を掲げる。

第一冊　日本の数物学上の地理学

第一　日本の発見・名称・位置・面積・区分

第二　一八二三年バタビヤより日本への旅行、海の浅深・魚族・島嶼

第三　ヨーロッパ人の日本及びその隣国属国の海域における発見の歴史

第四　日本人による自国及び隣国・属国の発見の歴史

第五　平戸及び出島のオランダ人の居留地
第二冊　陸上及び海上の旅行
第一　一八二三年バタビヤより日本への旅行
第二　一八二六年（文政九年）の江戸参府旅行
第三　日本民族の起源とその風俗
第四　日本の武器とその用法
第五　日本の歴史
第三冊　国民及び国家
第一　日本の考古学
第二　日本人の時日計算法、暦
第四冊　美術及び学問
第一　美術及び学問

第二　度量衡、貨幣
第五冊　日本の宗教
神道、仏教、その他
第六冊　農業、工業、商業
第一　日本の製造業
オランダ貿易の沿革とその状態
中国貿易の沿革とその状態
朝鮮・琉球の貿易
第二　農業、製茶
第七冊　日本の近国及び保護国
第一　朝鮮
第二　蝦夷・千島・樺太

第三　琉球

呉秀三博士の『シーボルト江戸参府紀行』一冊（異国叢書、昭和三年一月刊）は、江戸参府紀行を、『シーボルト日本交通貿易史』一冊（異国叢書、昭和四年五月）は、同じく『日本』中の数章を訳したものである。

その他の著述

右のほかシーボルトの著述としては、

『日本の文献』六冊

一八三二年（天保三年）から一八三七年（天保八年）にわたってライデンで刊行された。

第一冊　新増字林玉篇　一八三四年
　郭成章

第二冊　和漢音釈書言字考　一八三五年
　郭成章

第三冊　千字文　　　　　　　　　　一八三三年

郭成章

第四冊　類　合　　　　　　　　　一八三八年

郭成章

第五冊　日本輿地路程度全図

第六冊　倭年契

『日本及びその隣国属国の沿革地図及び海図』　一冊

『日本』の第一冊第三、第四の両章に関する地図三十枚を印刷し、一八四一年（天保一二年）ライデンで出版。

『日本開国に関する蘭・露両国の活動』　一冊

一八五四年（安政元年）蘭語版はボンメルで、独語版はボンで刊行。

『博物館設立趣意書』　一冊

フランス王立図書館地理部門理事兼名誉会員フランソア＝ジョマール François Jomard に宛てて、ヨーロッパ以外に植民地・貿易地をもっている国は、その地の風俗習慣を見るための博物館を設ける必要を力説した書翰。一八四三年（天保一四年）パリーで刊行。

『日本属島探険記』　一冊

一六四三年（寛永二〇年）金銀島探険のために来て蝦夷・樺太・千島を探険した商船カストリクム船長フリースの日記に説明を加えたもの。蘭・英二本あり、共に一八五八年（安政五年）アムステルダムで刊行。

『日本からの公開状』　一冊

日本在留中、一、日本の貨幣、二、小判、三、海軍伝習、四、桜田門事件について、本国の知友に知らせた書翰をあつめたもの、一八六一年（文久元年）出島で刊行。

『日本品展覧会目録』　一冊
一八四五年（弘化二年）ライデンで開催した日本品展覧会の出陳品目録とその説明である。この売上代金をもってライデン市の窮民をにぎやかすためであった。
『日本博物展覧会目録』　一冊
一八五九年（安政六年）より一八六二年（文久二年）まで日本在留中あつめた日本品を、一八六三年（文久三年）アムステルダムにおいて展覧会を開催した時の目録及び説明書。
『日本の歌謡』　一冊
日本歌謡中会心《かいしん》の作と思われるものをえらんで翻訳したもの　一八七二年（明治五年）ウィーンで刊行。
『日本書籍解題』　一冊

ホフマンと共著、ハーグ博物館附属図書館所蔵の日本書籍及び文書をラテン語をもって解説したもの。一八四五年（弘化二年）ライデンで刊行。

『日本人種の起原』 一冊

一八三二年（天保三年）『バタビヤ芸術及び科学協会雑誌』第十三輯に発表。

『日本の鍼術』 一冊

一八三三年（天保四年）『バタビヤ芸術及び科学協会雑誌』第十四輯に発表。

日独文化協会、日本学会が昭和十一年十一月以降『シーボルト文献蒐録』六巻を刊行した。これは日本学会所蔵のシーボルト文献のうちから、学術的価値の多いものを複製或いは邦訳し、これに解説を加えたものである。

一、シーボルト将来書籍目録

二、シーボルト蒐集日本図書目録

三、日本博物志

四、原稿

五、地図

六、書簡集

以上シーボルトの著述の項は、『シーボルト先生渡来百年記念論文集』のドクトル＝フェンストラ＝コイペル氏 Dr. J. Feenstra Kuiper の「欧洲に於けるシーボルト先生」及び呉秀三博士の『シーボルト先生其生涯及功業』に負うところが多かったことを鳴謝する。

各方面の優遇

前記の別荘日本はライン川のほとりの低い湿地であったため、ヘレーネ夫人の健康に適しないと、ライデンの陳列品は一八五九年以来、彼のアシスタントになったレーマン Dr. C. Leemans に托して、自分は一八五九年ドイツのコブレンツ市の川上の方、ボッパルト市 Boppard 附近の元ザンクト＝マルティーン修道院を買い求め、ここに移って余生を楽しみながら著述をされたのである。その後ボン市 Bonn へ移ったが、ひきつづき毎年夏季はライデンの別荘で暮した。シーボルトはヨーロッパ諸学会から左記のようにあつく待遇された。

ボンに移る

諸学会の会員

一八三二年九月三日、パリー亜細亜協会々員

一八三三年一月六日、ウュルツブルグ大学名誉哲学博士

一八三四年五月、ハーレム和蘭学術協会会員
同年八月一三日、ベルリン地球学会名誉会員
同年一一月一六日、モスコー万有学会正会員
一八三五年二月一〇日、ウィーン王室農業学会特別会員
一八三八年一二月一二日、ルーマニアのヤッシー市モルダビヤ医学・万有学会特別会員
一八三九年五月一日、ウィーン王室園芸協会在外会員
一八四〇年二月三日、アムステルダム動物学会名誉会員
同年三月一日、ウンテルフランケン＝ウント＝アッシャッフェンブルグの歴史学会名誉会員
同年四月七日、ロンドン園芸学会会員
同年八月二四日、ミュンヘン、バイエルン学士院在外特別会員
一八四二年一月二〇日、ウトレヒト農作植物学会名誉会員
同年六月一五日、バーゼル万有学会特別会員
一八四四年四月三日、パリー帝立園芸学会名誉会員

同年一〇月二〇日、アントワープ園芸学会名誉会員
一八四五年八月二五日、アントワープ動物学会名誉会員
同年一二月二五日、ブラッセル学士院会員
一八四六年六月一日、ハーレ及びライプチヒのドイツ東方協会特別会員
同年七月一五日、ドルドレヒト園芸農業協会名誉会員
同年八月二〇日、ベルギー生物学会名誉会員
一八四八年八月二〇日、プラーグ大学の技芸兼哲学博士
一八五〇年五月一六日、ミュンヘン万有学会名誉会員
一八五二年一一月一一日ルクセンブルグ大公国万有学会名誉会員
一八五三年一月一七日、オランダ領東印度万有学会特別会員
一八五四年三月五日、ペタースブルグのロシア帝国地文学会特別会員
同年一一月一九日、ペタースブルグの帝室自由経済学会会員
同月一一年二四日、下ライン物理医学会正会員
一八五五年三月二二日、ライデン市のオランダ王室園芸奨励会名誉会員

一八三一年(天保二年)四月十一日には和蘭獅子勲三等章 Ridder van den Neederlandschen Leeuw を授け、同時に東印度陸軍々医少佐に任ぜられ、一八四二年(天保十三年)にはヨンクヘアの爵位を授けられ、一八四八年(嘉永元年)東印度陸軍々医大佐に昇進した。またオランダ国政府は、さきにシーボルトの日本において蒐集した資料を買い上げて、政府の所有にするという約束を止め、その全部をあげて彼に与え、自在にその著述の資料として使用することを許した。

右の外なお各国から受けた勲章は、

デンマークのダンネブローグ将軍十字章
デンマークの騎士十字章
ロシアの第二等ウラジミル勲章
ロシアの第二等サント=アンナ宝石章
プロシアの第二等赤鷲章
ベルギーの獅子将軍章
ウュルテンベルグの王冠将軍章

ウュルテンベルグのフリードリヒ第一等騎士章
オーストリアのフランツ゠ヨセフ士官章
フランスの名誉軍団騎士章
スエーデンの北極星騎士章
オランダのオランエ家学芸章青銅製名誉牌
オランダの在職三十五年旌表章
バイエルンのマキシミリアン学芸章
ザクセン゠ワイマル家白鷹第一部騎士章

日本開国への画策と貢献

日本の二世紀半にわたる長い鎖国の間に、世界の情勢が大きく変化し、日本の好むと好まざるとにかかわらず、北からはロシア、東からはアメリカ、南からはイギリスが接近して来て、蒸汽船時代になってから、それが一層はげしくなった。鎖国日本にとって唯一のヨーロッパ人であったオランダの政府にとって、これはじいっとして見ていることができないことで、出来るならオランダ政府みずからの手で日本を開国にみちびいてやりたかった。

日本を開国させたい希望

シーボルトが日本に在留中はやくもオランダ政府に対し、多くの日本人の中には、外国の医学を研究した結果、広く外国の事情を知りたいとの希望をもち、鎖国時代が終ることをねがって居るものがあるという報告をしたことがあった

(『シーボルト先生渡来百年記念論文集』所収ドクトル、ヘンス トラ゠コイペル「欧洲に於けるシーボルト先生」一六ページ)。

シーボルトは世界の情勢と日本国内の事情とを、あわせて考えて、鎖国政策を続けることが日本にとって不利益であるばかりか、危険であると思った。そこで幕府に勧告して、その厳重な鎖国政策をゆるめること、出来るならこれをやめて開国するように忠告することは、オランダと日本の長年の友誼《ゆうぎ》関係に照らして、当《まさ》にとるべき公正な手段であると考えた。一八四〇年(天保十一年)アヘン戦争の勃発を見て一層その必要を認めた。この年十月シーボルトを信任したウィルレム二世 Willem II が即位したから、やがて一八四四年(弘化元年)国王の親書を日本の将軍に送って、先ずオランダと日本の多年の親交を説き、それからヨーロッパの産業革命の結果、外国貿易の進出、イギリスと清国とがアヘン問題で戦端を開いたことを述べ、日本の近海に外国の船が多く来るのが必然の勢で、それらと衝突の結果戦争になったなら、その災害がはかり知れないものがあろう。これを未然にさけるのは賢者のとるところ、日本は早く従来の外人厳禁の法をゆるめたまえというのであった。

オランダ国王の親書を起草

この親書はシーボルトの起草にかかるものであったことは、時の植民大臣バウド J. C. Baud が一八四三年(天保十四年)十一月三日附をもって、シーボルトに国王親書の文案起草をたのんだ公文によって知られる(前掲コイベル博士論文一七ページ)。

一八四四年八月十五日(弘化元年七月二日)オランダの軍艦パレンバン Palembang 艦長コープス Coops は、国王ウィルレム二世から日本皇帝(将軍家慶《いえよし》)に宛てた親書をもたらして長崎へ入った。書翰の原文は村上直次郎博士の『日蘭三百年の親交』にもファン＝デル＝サイス J. A. van der Chys の著書より転載してあり、訳文の方はオランダ通詞の森山源左衛門・同栄之助のものは候文で達意であるが、ここには忠実な訳し方の参考として天文方の訳の方をかかげることにし、別幅の方は森山の訳によることとした。

和蘭告密

和蘭国王書簡幷献上物目録和解《わげ》

天文方御書物奉行兼　渋川　六蔵

鍵箱の上書の和解

此の印封する箱には和蘭国王より

日本国帝征夷大将軍をさし奉るなりに呈する書簡の箱の鍵を納む。此書簡の事を司るべき命

を受る貴官のみ開封し玉ふべし。

暦数千八百四十四年二月十五日天保十四年癸卯年十二月廿七日ニ当ル瓦刺《ガラ》汾法瓦《ヘンハーガ》和蘭国都に於て記す。

和蘭国王密議庁主事名押花

アー、ゲー、アー、ファン、ラッベン

鍵箱の封印和解

長崎所訳名氏

王之密談所

書簡外箱上書和解

日本国帝殿下　　和蘭国王

書簡和解

神徳に倚《い》頼《らい》する和蘭国王兼阿朗月《オランエ》払郎察国の地名納騒《ナッサウ》独逸国の地名のプリンス爵名、魯吉瑟謨勃児孤《リユキセムボルク》和蘭国の地名のゴロート、ヘルトフ爵名微爾列謨《ウヰルレム》第二世、謹て江戸の政庁に座《い》ます、徳威最も高く威武隆盛なる

大日本国殿下に書を奉じて微衷を表す、冀《こいねがわ》くは殿下親覧を玉て、安寧無為の福を享《う》け玉はんことを祈る。

一、抑《そもそも》今を距る事二百余年前に世に誉高く坐ませし烈祖権現家康公より信《しん》牌《ぱい》を賜り、慶長五庚午年和蘭国の船、始て本邦に来る、同十四己酉年七月廿五日、神祖より御朱印を賜り、己酉より今茲甲辰に至り二百三十六年なり。我国の人、貴国に航して交易する事を許されしより此方、其待遇浅からず、甲必丹《カピタン》も年を期して、

殿下に謁見する事を許さる。古は甲必丹の江府拝礼毎年なりしに、寛政二庚戌の年より、五年目宛になれり。此に年を期してと云は蓋し近代の事をさして云なり。聖恩の隆厚なる、実に感激に勝《た》へず。我も亦信義を以て、此変替なき恩義に答へ奉り、弥《いよいよ》貴国の封内をして静謐《せいひつ》に、庶民をして安全ならしめんと欲す。然りと雖ども、今に至るまで、書を奉るべき緊要のことなく、且交易の事、及び尋常の風説は、抜答非亜《バタヒア》爪哇島《ジャガタラ》の府名なり。元和五己未年和蘭国人、全島を奪ひ、閣瓦答剌城《ジャガタラ》を改めて抜答非亜《バタヒア》と云ふ。及和蘭領亜細亜諸島和蘭国の人印度地方の諸島を併奪ひて是を和蘭領亜細亜諸島と云。総督より告奉るを以て、両国書を相通ずること非ざりしに、両国書を通ずることなしと云は誤なり。慶長十四己酉年七月廿五日、同十七壬子年十月、神祖より和蘭国王にの御復書あり。蓋和蘭歴代治平の日少きを以て文献の徴すべきもの無きによれり。今爰《ここ》に観望し難き一大事起れり。素《もと》より両国の交易に拘《かかわ》るに非ず、貴国の政治に関係することなるを以て、未然《みぜん》の患《かん》を憂ひて、始て殿下に書を奉ず。伏て望む。此忠告によりて其未然の患を免れ玉はんことを。

一、近年英吉利《イギリス》国王より支那国帝に対し、兵を出して烈しく戦争せし本末は、我国の舶、毎年長崎に至て呈する所の風説書にて既に知り玉ふべし。威武隆《さかん》なる支那帝も、久く戦て利あらず、欧羅巴洲《ヨーロッパ》の兵学に長ぜるに僻易《へきえき》し、終に英吉利国と和親を約せり。是よりして支那国古来の政法甚だ錯乱し、海口五処を開て、欧羅巴人の交易の地となさしむ。五個処の地方は即、広州、福州、寧波、厦門、上海を云也。其禍乱の源を尋るに、今を距ること三十年前、欧羅巴の大乱治平せし時、寛政の頃に当り払郎察に那剥列翁(ホナパルテ)なる者あり、国の内乱を攘ひ、自立して王たり。是に於て兵を四方に出して諸国を併呑せんとし、欧羅巴洲大に乱る。文化十二乙亥の年諸国相謀て那剥列翁を擒にして、流竄せり。数年の兵乱治平せり。乙亥より今茲甲辰に至るまで正に三十年なり。諸民皆永く治化に浴せんことを願ふ。其時に当りて古賢の教を奉ずる帝王は、諸民の為に多く商賈《しょうこ》の道を開て民蕃殖せり。然りしより器械を造るの術、及び合離《(化学)》の術万物を離合して、其質を究理するの術也。に因て、種々の奇巧を発明し、人力を費さずして、貨物を製するを得しかば、諸邦に商賈蔓《しょうこまん》延《えん》して、却《かえっ》て国用乏きに至りぬ。又中に就て、武威世に耀《かがや》きたる英吉利は、素より国力豊饒《ほうじょう》にして、民心巧智ありと雖とも、国用の乏しきは特に甚し、故に商売の正路に依らずして、速に利潤を得んと欲し、或は外国と争論を起し、時勢已むべからざるを以て、本国より力を尽し、其争論を助くるに至る。是等のことによりて其商賈、支那国の官吏と広東《カントン》にて争論を開き、終《つい》に兵乱を起せしなり。支那国にては戦甚利なく、国人数千戦死し、且数府を侵掠壊敗せらるゝのみならず、数百万金を出して、火攻の費を贖《あがな》ふに至れり。

一、貴国も今又如レ是災害に罹《かか》り玉はんとす。凡《およそ》災害は倉卒に発するものなり。今より日本海に異国船の漂ひ浮ぶこと、古よりも多く成行て、是が為に其船兵と貴国の民と、忽ち争端を開き、終には兵乱を起すに至らん。是を熟察して深く心を痛ましむ。

殿下高名の見《けん》ましませば、必其災害を避ることを知り給ふべし、我も亦安寧の策あらんことを望む。

一、殿下の聡明に座ますことは、暦数千八百四十二年天保十三壬寅年に当る貴国の八月十三日、長崎奉行の前にて、甲必丹《カピタン》に読聞せし令書に因りて明なり。令書に曰、異国船日本の沖合へ渡り来るの時、打払方の義厳重に取計ひ申付、和蘭船も、長崎の外へは乗寄すること有まじきにも是れ無く、船の形似寄候得者、兼て其旨相心得不慮の過ち無レ之様、心を付て通船可レ致旨、文政八年申渡置候処、当時何事に依らず、御仁恵を被レ施度との難レ有思召に付、外国の者にても難風に逢ひ、漂流等にて食物薪水を乞ふ迄に乗来候を、其事情に拘らず一同に弓鉄炮を打放候ては、外国へ対し信義を失ひ候御所置に付、今より以後は、異国船渡来候とも、食物薪水を乞ふの類は、不二打払一、乞ふ旨に任せて帰帆致さす可きことに取計ふの間、因ては、阿蘭陀人共心易く可レ致二通船一候、外国の者たりとも、かほどに信義を厚く思召、難レ有儀を能々相弁ふべく候。其書中に、異国人を厚く可レ遇き事を詳に載と雖ども、恐くは尚未だ尽さざる処あらん歟。其主とする所の意は、難風に逢ひ、或は食物薪水に乏くして、貴国の海浜に漂着する船あらん時の所置のみにあり、若《もし》信義を表し、或は他の謂《いわ》れありて貴国の海浜を訪ふ船あらん時の所置は見えず。是等の船を冒昧《ぼうまい》に排擯《はいひん》し給はゞ、必争端を生ず。凡争端は兵乱を起す。兵乱は国の荒廃を招く。二百余年来、我国の人、貴国に留居の恩恵を謝し奉らんが為に、貴国をして災害を免かれしめんと欲す。古賢の言に云、災害なからんと欲せば、険危に臨むこと勿れ、安静を欲せば、紛冗《ふんじょう》を致すこと勿れ。

一、謹て古今の時勢を通考するに、天下の民は速に相親むものにして、其勢は人力の能防ぐ所に非らず、蒸気船を蒸気船は水車と蒸気筒を設け石炭を焼て蒸気筒中の水を沸騰し、其蒸気に依て水車を施転せしめ、風向に拘はらず自由に進退する船なり、文化四丁卯の歳に創造すと云。創造せしより此方、各国相距ること、遠きも猶近きに異らず。如レ此、互に好みを通ずる時に当り、独り国を鎖《とざ》して万国と相親まざるは、人の好する所に非ず、貴国歴代の法に、異国人と交を結ぶことを厳く禁じ玉ひしは、欧羅巴洲にて遍《あまね》く知る所なり。老子曰、賢者在レ位時特能保ニ護治平一、此意に当るべき語、老子に見えず後考を待つ故に古法を堅く遵守して、反て乱を醸《かも》さんとせば、其禁を弛《ゆ》るむるは、賢者の常径而已《のみ》。是殿下に丁寧に忠告する所なり。今貴国の幸福なる地をして、兵乱の為に荒廃せざらしめんと欲せば、異国人を厳禁する法を弛め玉ふべし。これ素より誠意に出る所にして、我国の利を謀るには非ず。夫れ平和を行ふは、懇《ねんごろ》に好《よしみ》を通ずるにあり。懇に好を通ずるは交易にあり。冀《こいねがわ》くは叡智を以て熟計し給はん事を。

一、此忠告を採用し玉はんと欲せば、殿下親筆の返簡を賜るべし。然らば又腹心の臣を奉らん。此書には概略を挙るのみ。故に詳なることは其使官に問玉ふべし。

一、我は遠く隔りたる貴国の幸福治安を謀るの為に、甚心を痛ましむ。これに加ふるに在位二十八年にして四年以前に譲位せし、我父微爾列謨《ウキルレム》第一世王も、遠逝して悲哀に沈めり。微爾列謨第一世は安永元壬辰の年に生れ、文化十癸酉の年に和蘭陀国を興復し、同十二乙亥の年王位に封ぜられ、天保十一庚子の年今王に位を譲り、同十四癸卯の年に卒せり。癸酉より庚子に至り在位二十八年寿七十二。殿下又是等の事を聞玉はゞ、我と憂苦を同敷し玉はん事明なり。

一、此書を奉るに軍艦を以てするは、殿下の返簡を護して帰らん為のみ。又我肖像を呈し奉るは、至誠なる信義を顕《あらわ》さんが為のみ。其余、別幅に録する品は我封内に盛に行はるゝ、学術によりて致す処なり。不腆《ふてん》と雖ども、我国の人年来恩遇を受しを、聊《いささ》か謝し奉らんが為に献貢す。向来不易の恩恵を希《ねが》ふ而已《のみ》。

一、世に誉れ高く座し父君の治世久しく多福を膺受《ようじゅ》し玉ひしを、眷怙《けんこ》せる神徳に依て殿下も亦多福を受け

大日本国、永世彊《かわ》りなき天幸を得て、静謐敦睦《とんぼく》ならんことを祝す。

即位より四年暦数千八百四十四年二月十五日天保十四年癸卯十二月廿七日に当るなり。

瓦刺《ガラ》汾法瓦《ヘンハーガ》和蘭国の都の宮中に於て書す。

微爾列謨

デ、ミニストル、ハン、コロニエン外国の事を司る大臣の官名　瑪陀《マート》

天保十五年甲辰和蘭使節船長崎入港貢物

日本国王殿下へ和蘭国王より奉レ献候贈物目録

一、和蘭国王姿画　但、身の丈正写図にて、周に金縁を附け和蘭国高名の画工
「ハン、デル、ヒルスト」人名之筆　一枚
一、水晶《すいしょう》大燭台　但、五方ニ火トモセ候様拵有レ之　二本
一、水晶大花生　但、造花添有レ之候　一ツ
一、六挺入込短筒　但、一箱ニ入　一揃
一、カラヘイン筒　但、短筒一種の名一箱に入　一挺
一、新刊地図　但、欧羅巴洲諸国の図集有レ之候
一、新刊地図　但、和蘭領東印度ノ図集有レ之候
一、シエリトメ人名道中記　大一冊
一、和蘭所領東印度風土記　大三冊
一、東印度草木之絵図　大二冊
一、爪哇《ジャワ》草木之絵図　大三冊

一、日本草木之絵図　中一冊

一、日本獣類之図　中四冊

一、星学に拘り候地理書　中二冊

一、地理書　一冊

一、天文書　小五冊

一、星学書　中二冊

一、デカラトウ人名の星学書　中一冊

一、ハンカタンス人名の星学書　小一冊

一、総世界の風土記　小一冊

一、万物の説録　小一冊

一、サテルニニス星名輪の説録　小一冊

一、ハルレイの彗星説録　小一冊

一、天文書　小一冊
一、彗星観察の書　小一冊
一、万物の説録　小一冊
右の通和解仕候処相違無二御座一候、
乙巳四月
森山　源左衛門
森山　栄之助

幕府の返翰

天保十五年甲辰和蘭使節船長崎入港、翌弘化二年乙巳六月和蘭え御渡の御返翰

(原文漢文)

去歳七月、貴国使价《しかい》船国王の書翰を齎して、我が肥前長崎港に到る。崎尹《きいん》(長崎奉行)伊沢美濃守(政義)受けて之を江戸府に達す。我が主親しく之を読む。貴国王二百年来通商の故を以て、遙かに我が国の利病《りへい》を察し忠告せらるゝの一事、

其の言極めて懇欵《こんかん》たり。且つ別に恵まるゝ珍品若干種、我が主良《まこと》にもつて感荷《かんか》す。理宜しく報を布くべし。然れども今然る能はざるものあるは、我が祖創業の際、海外諸邦との通信貿易、固《もと》より一定する無し、後に通信の国、通商の国を議定するに及び、通信は朝鮮・琉球に限り、通商は貴国と支那とに限り、この外は一切新に交通をなすを許さず。貴国は我において従来通商ありて通信なし、信と商とは又各別なり、今これがために報を布かんと欲せば、則祖法に違碍《いがい》す。故に臣等をしてこの意を公等に達せしめ、これを国王に稟《りん》せしむ。事不恭《ふきよう》に似たるも、然も祖法の厳此の如し。止むを得ざるの所以《ゆえん》、請ふ、これを諒せられよ。礼物を恵まるゝに至つてもまた辞すべきところあり。然り而して厚意の寓するところ、遐方《かほう》より送致す、もし幷に返納せば、益ゝ不恭に渉《わた》らん。因て今領受す。いささか土宜《どき》数種をすゝめて以て報謝を表す、具《つぶさ》に別幅に録す、却《しりぞ》くることなければ幸甚なり。抑も祖法一たび定れば嗣孫は遵《したが》はざるべからず。後来往復は幸に停られんことを。或はそれ然らずして再三に至ると雖も受くる能はざる事は、訝《いぶか》しとなす勿れ。公等の書翰に至りても亦これに準じて報をなさざるなり。但し貴国の通商は、則ち旧約に遵ひて替ることなきも、亦これ慎みて祖法を守るのみ。幸にこれを国王に稟《りん》せられよ。則ちしか云ふと雖も、国王の忠厚誠意に至りては、則ち我が主も亦深く感銘し、敢て疎外せざるなり。因て今臣等をして具に陳せしむ。言意を尽さず、千万諒察せよ。不備。

阿蘭国政府諸公閣下

日本国老中

阿部伊勢守　正弘　判

牧野備前守　忠雅　判

青山下野守　忠良　判

戸田山城守　忠温　判

日本よりの返翰をホフマンと共に訳す

弘化二年乙巳六月朔日

この返翰について植民大臣のバウドから国王に宛てた書翰がハーグ国立中央文書館外務省文書一四二号にある。全文を左に訳す。

一八四六年五月二十一日ハーグに於て

陛下が先に一八四四年（弘化元年）親書を送ったのに対して、日本国皇帝から返翰を受けとりましたことに就いて、私が再び陛下に申し上げます。

別幅の贈物のリストと共に受けとりました漢文の返翰は、ヨンクヘーア＝フィリップ＝フリッツ＝フォン＝シーボルトとホフマン博士によりて訳せられ、四通が出来ましたから、その一通を御覧に供します。

返翰は、日本の皇帝からの直接の返事ではなく、四人の老中から、オランダの政府諸公に宛てたものであります。

その理由は、フォン＝シーボルトの説明によれば、一八〇四年（文化元年）ロシア皇帝の書翰は使節レザノフによりて齎《もた》らされたことがあったが、日本政府のこれに対する返事の場合と、今回とが何等変っていないということであります。

ネーデルランド（オランダ）という言葉は立派に日本の義務の履行を成就させております。二世紀の間例外なしにネーデルランドの国旗がつづいていることがそれであります。日本政府は陛下の荘重と寛大によって一進歩をとげたことが明らかであります。ネーデルランドの王であらせらるる陛下の寛大さは上下の区別なく発揮せられます。陛下はあらゆる機会を利用して深い感動を与えられます。

陛下の御蔭によって急速にその効果をあらわすであろうことを疑いません。

陛下の親書によって蘭領東印度の政府は利益を得るに相違ありません。私は総督に通知を書いて、陛下の思召を体して、日本の書翰を得難い名物たらしめるよう、王立図書館に保存するように命じます。

植民大臣　イェー、シー、バウド

国王陛下へ

米国及び仏国の日本接近を評論す

一八四六年（弘化三年閏五月二十七日）には米国東印度艦隊司令長官ビッドル Biddle は二艦を率いて浦賀に来り国交開始の交渉を試み、また陰暦四月七日には仏艦三隻長崎に来って九日に退去した。当時ますます日本が列国から注目された。これについてシーボルトが共編の逐刊『蘭領《ルモニテール》東西《デザンド》印度諸島《オリヤンタール》報知《エオクスイダンタル》』に試論を試み、仏国提督セイシルは、自己偶然の出来心から、長崎を見舞い、またアメリカ提督ビデルは、大統領の書翰を携えて江戸を訪問した。この二提督は、自国の船舶が日本沿海に航行することを日本政府に通告し、且つこれに関する交渉をしたため、日本に於いて、その開国問題は、再び火の手を高めた。この時仏提督は日本政府と親切に交渉したため、自尊心の高い日本国民から比較的よい待遇を受けた。またアメリカ提督は大砲を使うことは、道徳的に無力であることを悟り、出来得る限り克己自制して開国を力説した。

この両提督の日本訪問以前に、我が和蘭王は、日本の開国につき、その政府に書翰を送った。この書翰の精神は、自己の利益のためで無く、多世紀の友なる日本国民の福利のため、また日本に関係をもつ他の国々のために、開国を忠告したのであった。故に吾々は我が政府の意向に反しても、此の公正なる国王の書翰を公表したい考えを持っている。何となれば吾々の雑誌は、我が国民の事業を紹介するは勿論、吾々の国に対し、虚偽的言説をなし、或いは邪推する国民に対し、これを弁明する義務と、これを排除する権利とを有しているからである。

この際我が政府はウィルレム二世の趣旨を体し、日本開国につき一段と努力と親切とを続けねばならぬ。かくて日本がいよいよ開国した暁には、我がオ

ロシア皇帝から招かれて日本への書翰を起草す

ランダ国も、他の列国と共に自然その利益を受けるのである。（コイペル博士前掲論文二六ページ）といった。先のオランダ王の忠告が効果的に日本の開国に影響していると信じていた。

一八五二年（嘉永五年）シーボルトがかねてから相識《そうしき》の間であったロシアのニコラス一世の招聘に応じて露都に赴いた。そしてロシア皇帝から日本の政府への書翰の起草に当った。この和解は林大学頭らの漢文のものと通詞の訳と二通り伝わっているが、次に後者を引用する。

大君皇帝首仁幸来（ニコライ一世）俄羅斯《オロシア》国一統主宰の上宰相なる子也利羅徳（レイクスカンセリイル）書翰以て大日本国御老中ゐ差出候、大君皇帝俄羅斯一統の主宰、遠く貴国当時の事情を考見て、日々両大国境界の相雑り候大事を思ひ、依て両国の為に相成候儀を思立、御前大臣俄羅斯水師将軍布恬廷《プウチャチン》永平と申者を選出し、全権の事を取行せ、使節として貴国へ差遣候、扨て其存寄の一は、当時也世界の色々変化致候と、貴国の事情形勢は如何可ㇾ有ㇾ之哉の処を、委細に申述、貴国命運の感応する所、此末如何《いかが》成行候哉と掛念《けねん》する本意を顕述《あらわしのぶ》るなり、其二には後の両条の事を申立、両国領分の人民皆利益に進み、両国此後争論疑心の所を決去して、相共に和睦平安の真実に至らしめんとなり、

第一条、大皇帝願ひ行ふ所は、両国境界の地を分明に致さんとなり、此儀は既に当時の事情を知り、并両国を遶《めぐ》る衆海中の地、何れか籌略《ちゅうりゃく》せざる所有《あら》んや、依ては此後此儘《まま》にて延引すべきに非ず、右故に大皇帝肝要の儀に存じられ、今般此事を思ひ立、相共に会合評議して、貴国領の海島は、何れの所を南方極末の界と致し、其地カラフト島の両岸は何れの領とか相談の上、分明に取極度候、大皇帝には既に俄羅斯の主となりて、古来未曽有之国土、広大如ㇾ此に候へば、自然と何れの新地を求る存念は無ㇾ之候へども、領分人民のよき便利を取失ふに忍ず、仍て明細に勘考致候に、両国の境界を取定め候

は、和睦平安の本と存候、扨一条の事、大皇帝真実に願ひ候儀は、本国の人民貴国の湊に至り、貨物取換へ交易致し候を御許下され、且又臨時に本国の兵船海を渡り、カンサスカ(カムチヤツカ)幷《ならびに》北アメリカの地はまいり候もの、肝要の事ありて貴国の湊へ至り、入用の品を求調《ととのえ》候事有べし、是も其意にまかせ、御差留なきは疑ひ無レ之、御明察有べく存候、其上本国は貴国と隣境の事なれば、相互に親交するは自然の理義にて、其高大なること固より他の遠国と交るとは格別に相勝《あいまさ》るべき訳有レ之は、御明察被レ下べく候、此事皆御前大臣水師将軍布恬廷《プーチャチン》なる者、君命を受け委細に申陳《のべ》しむる所也、御老中方にも、篤《とく》と御勘考被レ下、本国の願筋は正理に符合せざる事なき所を、御高察成下さるべくと存候、此儀は皆右の将軍全権の命を謹奉し、主君よりの訓戒勅言に引合せ、貴国の大臣と会合し、相共に評議して、主命に見合せ、約束法度《はっと》を取極《きめ》度存候、大意を取極め申候へば、今般使節を大日本国の大主へ差上候趣意は、其一には本国より親交を相求候意味と、世界当時の形勢と事情如何と云所を申立、其二には両国境界を取定候肝要の事を申立、其三には両国領分の人民互に利益有るの交りを相始め、両大国を至極安全の場に至る様成行事は疑なく存候、且此度さし遣し候大切の用向を取行ひ候御前大臣水師将軍布恬廷は、貴国御取扱丁寧に被ㇾ成候と、当人身分相当の体族と其高位とを照合せ、御会釈《えしやく》被ㇾ下候も、亦疑ひ無ㇾ之と存候、貴国大主君の賢明、智略ある執政老職方、皆御心を留られ、本国申立候諸事幷此欽差《きんさ》大臣へ被二申付一謹而陳述に及び候書翰、訳文之趣を察られ、早速に取行御出精被ㇾ成候て、両国相互に利益ありて、諸事始終安全に成行候様、御所置被ㇾ下度候、

此書翰ハ御都サンヘテリフリケにて相認、

八月廿三日　一千八百五十二年

大君皇帝俄羅斯統興主宰即位後二十七年ナリ

本文下書　国宰相公子世利羅徳

（レイクスカンセリイル、ネッセルロオデ）

Rykskanselier Neselrode

レイクスカンセリイルは宰相の義、八月二十三日はわが嘉永五年七月二十一日である。プーチャチン Putjatin の長崎に来たのは翌嘉永六年七月十八日で、この書翰が長崎奉行に手交され、幕府に送られ、これに対して老中連署の返翰（漢文）を嘉永六年十月十五日附をもって「我が国の貴国における、壌界相接す、よろしく鄭重を加ふべし、故に特に重臣二員を長崎に遣し、布恬廷と会晤《かいご》せしめ、以てその曲折を尽さん」と。間もなくクリミヤ戦争が起ったため、日露交渉は他日に延期された。シーボルトはロシア政府からその功労を賞してウラジミル一等将軍章が授与された。

またシーボルトはこの頃日本政府がオランダ及び他の国と条約を結ぶ場合の条

約私案なるものを作り、一八五二年（嘉永五年）四月八日これを植民大臣に提出し、且つ日本政府に送附せられたき旨を附言した。植民大臣はすでに勅許を得て、再び日本へ開国を促すために東印度総督に訓令を発しようとしておった折であったから、シーボルトの条約案を採納し、また国王の勅許をえて左の訓令を東印度総督に下した。

貴官は貴官の名を以て、長崎奉行に送るに別冊に認めたるシーボルトの日本対外条約の私案を以てし、且つ日本政府に対し、外国と条約を締結せんとする場合は、オランダ代表者と予備協議を試みては如何との勧告的書翰を送られたし（前掲コイペル氏論文三三ページ）。

ドンケル＝クルチウス

そこで東印度総督は新たに日本に赴任することになった東印度高等法院参事官イー＝ハー＝ドンケル＝クルチウス Mr. J. H. Donker Curtius にこれを携行させることとした。ドンケル＝クルチウスは一八五二年（嘉永五年）七月二十一日長崎に着いて、これを奉行に呈したのである。

ドンケル＝クルチウスより幕府に呈出した条約案

かびたん差出候封書和解

恭敬大尊君長崎御奉行

牧志摩守様
大沢豊後守様江、阿蘭陀かびたん謹而左に申立候、

一、咬𠺕吧《カルバ》都督職之者、筆記差出方之儀、かびたん職私儀命令を受、則右書面江府御伺之上御請取に相成候、随而咬𠺕吧都督職より私義江申聞候は左之通に御座候、

第一、阿蘭陀国王存附之方便、日本御国法に相背不㆑申御安全之計策、日本御館府向にて御取用にも相成候は丶、可㆓申上㆒様之命を請候は、当時専ら外国人ども御当国江罷出候儀漸く増長仕候、

第二、右一件に付、御館府向より被㆑蒙㆑仰候御方江可㆓申立㆒心得に有㆑之候処、阿蘭陀国王趣意には、右方便日本御安全之為、至極御大切之儀に御座候

得者、可ニ相叶一丈《だけ》急速に申立度儀に御座候、然ル処、右筆記之書面持越候而、最早三ケ月にも相成、尚此末右一件之御掛出来候迄は、余程之時日を経候哉も難レ計、左候得者、阿蘭陀国王本意を失候様成行申候、就而者《ついては》、私義相考候に、近日牧志摩守御事御発駕《はつが》相成可レ申候間、阿蘭陀国王之趣意申立、右一件之方便、江府表江被ニ仰立一候義、相協《かない》可レ申哉に奉レ存候、左候得者、節《せつ》格《かく》之存意空《むなしく》相成申間敷奉レ存候、右方便と申は、御為筋之義にて、かぴたん職之者より申立候様、阿蘭陀国王申付候、右一件之原因は、北アメリカ州共和政司、日本と交易之志願、是非相遂度様子に有レ之、此存念相止不レ申様相見申候、随而は交易之儀御許容に相成、尤旧来之御定に格別不ニ相触一、且外国人共も心得違不レ仕、双方意味違無レ之様、御趣向至極御良策と奉レ存候、将又《はたまた》、太平海辺之通船鯨漁等、年々増長仕候得者、洋中危難之患《うれい》、兎角に有レ之、右に付、船修覆幷食用之品、辨方等之義、日本之地にて不レ仕候而者、不ニ相

協一様之義、航海を専らと仕候国々之者ども、必要之儀に御座候に付、左之
通趣意申上候、

第一

北アメリカ州共和政司より多分願事仕候儀可レ有レ之、右願全御取用不レ被レ為《せ》レ成候様に無レ之、確執出来《しゅったい》不レ申様之為、聊計《いささかばかり》之事にても、御免許御座候方可レ然奉レ存候、当阿蘭陀人之外たりとも、食用薪水幷船修覆等之為、入用之品者御与へ、病人養生之御手当被レ為レ成候様、御沙汰に相成候方可レ然奉レ存候、

第二

日本国江往古より敵対不レ仕国々之者、若通商相願候はゝ、長崎湊江渡海御免被レ為レ成、左之箇条御立被レ為レ成、可レ然奉レ存候、

第一、通商之義、長崎湊に限候事、

第二、通商御免之国は其国之重役同所へ相詰候事、
第三、通商御免之国人之住館、同所ゟ御手当相成候事、
附《つけたり》、此ケ条相定候得者、日本之内外場所ゟ罷出候患有レ之間敷候、
第四、外国人と之交易之儀は、江戸・京・大坂・堺・長崎五ケ所之商人に限候事、
附、此ケ条之儀は日本御国法にて外国人と私之交易御停止之趣、阿蘭陀国王伝承罷在候、依レ之、此趣向に候得者、御国法に相背候儀有レ之間敷候、
第五、御法御立交易之趣向御定、長崎湊ゟ御番所御立之事、
附、此ケ条者、船之出入、荷物積おろし之御改方に付、御規定相立可レ申奉レ存候、
第六、交易之取引之儀は、双方長崎会所或は大坂会所之手形にて相弁候事、

附、此ケ条は日本之御法にて、金銀外国へ御渡御停止之由、且又外国之金銀日本にて通用不レ仕由、依レ之右之趣向に仕候得者、御国法に背間敷奉レ存候、

第七、諸品物運上等之御規定、程能《ほどよく》御立之事、

附、此ケ条者、外国人共運上差出候様相成、且過分之荷物持渡不レ申様之防に可二相成一、尤運上格別相増候得者、苦情申立候様可二相成一、依レ之、程能と申上候義に御座候、

第八、交易之義に付、外国人取合出来候節は、長崎御奉行と外国重役と取扱に相成候事、

第九、御国法を犯候外国人は、其国之支配にて仕置《しおき》可レ致事、

第十、日本御館府向に付、石炭囲場所外国人ゟ御差図之事、

附、此箇条は北アメリカ州西方之渚《なぎさ》、アジヤ州東方之渚幷唐国間之

蒸気船渡海、就中《なかんずく》北アメリカ州共和政治より弁利《べんり》之為、既に是迄相立候場所も有レ之、就而者《ついては》、右様之振合《ふりあい》に石炭囲場所相定候義、必要之事に御座候、

一、阿蘭陀国王之志意は、北アメリカ州共和政治よりの願、前条之振合に御答被レ為レ成候ハヽ、御安全之御策と奉レ存候、

右之趣、謹而奉ニ申上一候、

かびたん
とんくる、きゆるしゆす

右之通和解差上申候、以上

子九月

西　吉兵衛　印
森山栄之助　印

『嘉永六年癸丑《きちゆう》十月長崎阿蘭陀甲必丹問答』によると、同年十月朔日以降数回

にわたって、掛り萩原文作が西吉兵衛・森山栄之助を通弁にして、ドンケル゠クルチゥスと、右のシーボルトの条約私案について相当つっこんだ質疑応答があった。その結果、外国に対する日本政府の態度としては、船舶修繕と石炭置場をつくることを許可することにきめたのであった。

米国提督ペルリの日本渡来とシーボルト

嘉永六年六月三日(一八五三、七、八)米国水師提督ペルリ Matthew Calbraith Perry が軍艦四隻を率いて浦賀に来て、わが国が国をあげて大騒ぎとなったが、このペルリが日本に来るに先だって約一年間、日本に関する研究をなしたが、シーボルトの著述は大いに役立った。

極く最近に至るまでは、世界各国の有した日本に関する知識は、主としてオランダ人によつたものである。然し又その知識は、屢々想像されていたやうに全く限られたものでもない。ケンプェル、ツンベルグ、チッチッイング、ヅーフ、フィッシャー、メーラン、シーボルト及びその他の人々が、日本について何等かの報告をしているのはたしかである。然し彼等は吾々の知りたいと思うことを全部を語っているものではない。（中略）唯シーボルトだけは例外である。彼は新しい事実と材料とを集め、且つその観察と調査の結果を、著書「日本に関する記録書」として、世に公にしたのであった（『ペルリ提督日本遠征記』土屋・玉城両氏訳、上巻三ページ）。

ペルリの日本についての予備知識の有力な資料をシーボルトが提供したのであった。かくて翌安政元年（一八五四）三月三日には日米和親条約が締結せられ、日本の開国が案外早く実現を見たのであった。

シーボルトの追放解除を願う

安政二年十月二十六日（一八五五年十二月五日）ドンケル＝クルチゥスよりシーボルトに対する国禁（追放令）を解いてもらいたいという歎願書を長崎奉行に呈した。

長崎奉行荒尾石見守様・川村対馬守様宛

下名は和蘭商館長兼委員に御座候、左の報告につき熟考被レ下度候、一八二三年に此地の和蘭商館にヨンクヘール、フォン、シーボルトなるもの医師として着任致候、此人は学者にて、二三年も此地に滞在致、一八二六年（文政九年）に商館長ドゥ、スチュルレルに相具して江戸に旅行致候者に御座候、彼は日本滞在中いつも多数の日本人に色々の学問殊に医学・植物学を伝授致候、其間に日本の土地に蔵《かく》れたる幾多の宝物の富源につき研究致候事、並びに日本滞在中、日本国のため沢山のよき成績を挙げ候事は、貴き御政府にても忘却なされざる儀と存候、当時日本の学者によりて学問は、フォン、シーボルトが驚歎致候程に進歩致、フォン、シーボルトも其事を追て研究致さんとせし折から、不祥事件の相発候事も同様御忘却なき儀と存候、フォン、シーボルトは其頃その研究の為め度を過ごし、日本の法律に許さぬ事までも研究致候結果、一八二九年（文政十二年）日本追放の命令を受け候て、将来日本再渡も叶はぬことに相成候、爾来今日まで幾多年月を経過致申候、私は和蘭政府の所望通り、和蘭商館の役人が科学研究を遂げ候事不二相成一様立至候を痛く恨み申候、フォン、シーボルトは和蘭に帰国後、日本に関して数多き著述を公けに致し、独逸《ドイツ》語（其他二―三の書物は）拉丁《ラテン》語に書きて、欧羅巴の諸国に誉高く読まれ申候、彼の書物によりて日本の政府、日本の国民は、凡ての社会、殊に高等なる文化階級に知られ申候、フォン、シーボルトは其後、欧羅巴諸国の多数を漫遊致、日本に関する事件につきて、外国政府の相談をも受け申候、私はフォン、シーボルトは万般の事柄につきて外国政府に説得《せっとく》いたし、日本政府と日本国民とに尊敬を払ひ候様仕向たる儀と存候、彼の扶《ふ》翼《よく》・周旋無レ之は、日本を存知申さざる外国人民・外国政府は決してかく相成間敷と存候、私はフォン、シーボルトが日本を退去致候時より、既に彼が日本国の為に須要《すうよう》の人物なることに気付居候、彼が左程迄に色々御国の為尽し候は、日本政府の御存知なき事と存候、若し両閣下の御尽力によりてフォン、シーボルトの国禁令解除相成候はゞ、私の大に喜悦に不レ堪儀に御座候、フォン、シーボルトは今や年老ひ居候、彼が猶一度日本に渡来致度と考居候や存じ不レ申候へども、彼れ並びに和蘭政府よりも此事につきて、依頼を受け候儀には無レ之、私自身の特別なる希望を申上候事、両閣下に於て御認被レ成度候、終に臨みて、私は前年フォン、シーボルトが目的と致居候通り、現在も学問的問題にて取調ぶべき事、数多有レ之と考慮致居り候故、此点につき閣下の御注意を促申度候、出島、一八五五年十月十八日認め、十二月五日差上、日本に於ける商館長兼委員敬白。(呉博士『シーボルト先生』乙篇、出島爪哇蘭語文書、三七二ページ　コイペル博士訳)

一八五六年一月（安政二年十二月）には日蘭修交条約が、一八五八年八月（安政五年七月）には通商条約が成立したので、シーボルトの日本における国禁も解除されることになった。

オランダ貿易会社の出島支店設置の計画案

一八五八年（安政五年）五月二十二日オランダ貿易会社 Nederlandsche Handel Maatschappij のために出島支店設置の計画案をたてた。オランダ貿易会社は一八二四年（文政七年）に創立せられた。日蘭貿易は東印度政庁がこれを行い、会社は必要な物資を供給するのであった。日蘭通商条約が結ばれたので出島支店を置くこととなった。それはおおよそ次のようなものであった。

一、オランダ貿易会社は、日本におけるオランダ貿易の発達、東印度の開拓、及び日本の文明誘掖《ゆうえき》のため、支店を長崎の出島に置く。

一、会社の貿易は、オランダ国及び東印度と、日本の長崎・函館・下田の三港の間に限らず、日本の隣国にも、日本物産の販路を開くべく、その好市場を探査すること。

一、会社は出島をもって、オランダ国及び東印度の物産の集散地となし、追て函館にてもこれらの物産を売り捌くこと。

一、会社は、依託販売品をも取扱う。その品種は、日本に適する品は勿論、中国・シベリア地方への販売品、及び各種船舶に使用する物品等を含む。会社は、依托販売をなす外、船舶の賃借業をも営み、船舶会社の利益を助成すること。

一、会社は、蝦夷・樺太の沿海に棲息する鯨《くじら》・鮭《さけ》・鱈《たら》・鯡《にしん》・鰮《いわし》等の漁業の発達をはかるため、会社自らこれを経営するか、或は適当なる条件の下に、他の会社を援助してこれを営むかの方法をとり、日本国及び隣国の市場に、これらの製品を販売するに努力すること。

一、会社は、出来得れば、他の会社を助けて、日本長崎と中国上海との間に、定期船の航路を開始すること、もし他の会社がこれをしない場合は、会社自らこれが経営に当ること。

一、会社は、一八五六年の日蘭条約第十二条に基づき、出島にある旧オランダ商館の家屋・倉庫等一切の建物をオランダ政府より買い取り、同時に駐日オランダ代表者に関する一切の経費、海軍伝習のオランダ教官の俸給等を支払いする事務をとること。

一会社は、従来の本方荷物《もとかたにもの》（会社の会計に属す）と脇荷物《わきにもの》（社員船員の会計に属す）の両貿易を合せて取扱うと雖も、日本貿易を独占することなく、オランダ人のために依托販売をなし相当の援助をすること。

一、日本政府及び大名は、汽船・機関・武器等は個人よりも、これを責任ある会社に註文するを欲する傾向あるにより、会社はこれら物品の請負事業をも営むこと。

一、出島支店は、日蘭条約に従い、その重要輸入品砂糖・蘇枋《すおう》・紙・丁香・籐・牛角・牛皮等の価格は、これを会所と協定したる後、日本物産と交換すること。但し交換品なき場合は、金もしくは銀をもってその支払いを受くること。

一、長崎・上海間の定期航路を補助する意味において、会社はオランダ代表者によって、日本政府に交渉し、毎航一定の銅を中国へ輸出する契約をなすこと。但し銅の価格は中国商人と同じく、一ピコルにつき五十ギルダーの割合にて協定すること。

一、会社は、日本政府の許可を得、琉球・朝鮮とも貿易を営むこと。特にマニラ・フィリッピン・台湾・シャム・交趾シナ・アモイ・ニンポーの諸港に日本海産物の販路を開くべく注意すること。

一、出島は、東印度の物産であるコーヒー・砂糖・丁香・蘇枋等の集散地となし、隣国シベリア方面にもその販路を開拓すること。

是等の熱帯物産は、条約第十八条により無税にて輸入し得らるるが故に、更にこれを東部シベリアに輸出するに当りても、その価格は低廉である。故に東部シベリア総督は、我が社との取引を希望するならん。余は露国とは特別の関係を有し、且つ東部シベリア総督は余が旧知なれば、取引上には至極便利である。

一、出島と東部シベリアとの貿易は、アムール川によりて営むことを得。

一、函館は太平洋の北半における唯一の良港にして、露国の総領事館あり、且つ各国の船舶はその必需品の供給を受くる所である。故に此の地にも一の商館を設けて会社の代理店となし、出来得れば別に東印度物産の集散地とすること。

一、下田港は風浪荒く、碇泊に不便なるも、江戸を距ること近きにあるをもって、この地の貿易にも相当の注意を払うべく、当分は利益皆無ならんも、出来得れば一の代理店を設置すること。

一、会社は、日本物産輸出貿易品につき、その製品と原料品とを問わず、精密なる調査と周到なる研究とを遂げ、且つこれ等の仕向け地を調査すること。

会社は、右の調査をなし、それぞれ輸出品の適当なる仕向け地を指示して日本政府に提出し、またその価格につき協定すること。会社は、また欧州及び東印度よりの輸入品につき、よく日本人の嗜好《しこう》に適するや否やを研究することを要す。この研究の当否は我がオランダ貿易に大なる利益関係を有す。

一、出島にては、日本の文明を助くることは我がオランダの義務として、学術に関するオランダの書籍を輸入し、同時に日本文明の発達に適切なる著作物の出版業を営むこと。右については拙稿「日本人の学ぶべき機械工学を手引するオランダ書」の如きは差当り適当の出版物ならん。

一、日本におけるオランダ貿易は、現に二世紀にわたる独占的地位を失いたるも、従来の関係と信用とを維持する為め、一層の奮励をなすこと。(前掲コイペル博士論文四五一―四八ページ)

再び日本へ渡来

シーボルトは一八五九年（安政六年）四月ドイツのボンの居住地から再び「青春の思い出の国」日本へ旅立った。時に彼は六十三歳、長子アレキサンデル（十三年六ヵ月）を伴ない、ヘレーネ夫人は四人の子とともにオランダに残留することとなった。オランダの政府は彼に、前年（一八五八年）締結した日蘭通商条約の批准書を携えて日本に渡航すべき使命を授け、これに要する旅費一切を支給した。しかるにシーボルトは一身上の都合により、本年三月一日まで出発することが出来なかった。政府はこの批准書を送附することを遅延することが出来ないから、彼の日本派遣を免じた。結局シーボルトがオランダ貿易会社の顧問ということで日本へ渡来することとなった。

再渡来のシーボルトと長男アレキサンデル

四月十三日（三月一一日）マルセイユ港（フランス）から英国郵船タイガー号 Tiger に乗り、地中海・スエズを経てシンガポールに至り、そこからオランダの小蒸気船でバタビヤに着いた。オランダ貿易会社の東印度支部長と打合せをしたり、東印度総督に面会したりして数日を費し、ロシアの帆船ルーシィ＝アンド＝ヘリエット号 Lucy and Harriet に乗って上海に至り、そこで二―三週間滞在、上海からは英国汽船イングランド号 England に乗込んで、八月十四日（七月六日）

に長崎に到着した。

日本到着と訪問客

シーボルトにとっては正に三十年ぶりの日本である。一八五九年の年の暮れに、追われ者のみじめさを身にしみて感じた、この海に、この山に、そしてなつかしい人々に、再会することが出来たのである。商館長ドンケル＝クルチュスが、あたたかくシーボルト父子をその官舎に迎えてくれた。その晩は、十八年も日本に滞在する同人から、開国をめぐる日本の著しい変化や、オランダ貿易不振の現状などについての話をきいた。

その翌日からは、シーボルトが帰って来たことを伝えきいた、昔の友人や門人、昔治療してやった患者達までやって来た。親しい人々のうちには、先年のシーボルト事件のために、死罪となったもの、遠島となったもの、自殺したもの、病死したもの、その他いろいろな災難に遭うた人たちのことを聞くのは、どんなにつらかったであろう。

更に三十年に近い間、いかな日も忘れたことのなかった其扇《そのぎ》（お滝《たき》）・おいね母子との再会であった。其扇はシーボルトと別れて後、或る人と同棲し天保二年つねを生み、後に長崎の俵屋時次郎という行商人と結婚し男の子文作をもうけたが、安政四年に時次郎に死別れ、その後は独身で銅座町に油屋を営み、楠本の姓を名乗っていた。娘のおいねは三十二歳になり、父の門人で岡山にいた石井宗謙に嫁し一女たかを生んだが、その頃は岡山を去り長崎で産科医を開業していた。それからシーボルトからおいねの養育を托された高良《こう》斎・二宮敬作のうち、高が十四年前の弘化三年に死亡し、二宮敬作は伊予宇和島の準藩医であったが、安政四年中風をわずらって右半身不自由な身となったが、シーボルトが再び日本に渡来せらるるときき、甥三瀬周三と共に長崎に出で、銅座町に開業して先生との再会の日を待っていたのであった。この人々がシーボルトを囲んで互に手をとり、相抱いて、喜び泣いたことであろう。敬作はシーボルトに再会したことに満足し、甥

三瀬周三

周三を残して宇和島に帰り文久二年（一八六二）に死んだ。周三はオランダ語を流暢《りゅうちょう》に読み書きすることが出来、シーボルトの息子アレキサンデルに日本語を教授した。

ドンケル＝クルチゥス方に一週間ばかり居り、長崎奉行岡部駿河守長常の好意によって、

宿舎一乗院

日蓮宗の本蓮寺内の一乗院（今は本光院）を宿舎として提供されてここに移った。一乗院には翌万延元年（一八六〇）夏までおり、それから鳴滝に移った。

鳴滝別荘にうつる

この屋敷はシーボルトが再渡の時には、お滝がすでに人手に譲渡していたのを、その後買戻したのであった（孫女山脇たか談）。アレキサンデルの『シーボルトの最終日本紀行』（小沢敏夫氏訳一二五－一三一ページ）から鳴滝について引用する。

此の別荘は、サラサラと流れる小川の辺りの七面山へ参詣する通路にそひ、実の食べられる椎の樹、山茶花《さざんか》の茂る小山の麓に在つて、此の森には杜鵑《ほととぎす》より山鳩に至るまでの各種の鳥が居た。此の住居の周囲には、小さい栽培場が造られ、間もなく、此のあたりは、植物園となつて、最も珍稀な日本植物の苗が栽培された。（中略）

鳴滝の私達の別荘は理想的の居住地であつた。市街には極めて近く、日常品は如何なるものでも需《もと》められ、同時に頻繁な交通からは遠ざかつて居た。此の辺りは葉の茂る丘につゝまれ、其の背後には莎草《はますげ》に一面蔽ふはれた山の背が続いて居た。深緑の林間の谷間には、藁葺《わらぶき》の農家が散在し、往時の日本の外には味へぬ平和な生活を送つて居た。

日本における活動

オランダ貿易会社顧問をやめる

シーボルトがオランダ貿易会社顧問として日本に再渡来してから、会社のために日本・上海間の定期航路案、日本の貨幣制度に関する二―三の問題などを進言または報告したが、彼の計画は「皆日本にふむきであり、また皆その時機を失っていた」と会社からは思われて（一八五九―六〇年会社の報告）、遂に一八六一年四月（文久元年三月）会社との関係を絶ってしまった。

江戸に出る

そしてこの年の春、シーボルトは新しい使命のために、横浜・江戸へうつりすむこととなった。アレキサンデルの記述によれば、

私の父が再び帰つて来たといふ評判が、当時の主権者たる将軍の主府、即ち江戸へ次第に拡まつた。此の将軍の侍医の中には、私の父の門人が在たが、

所謂此の老先生を江戸表へ呼び寄せたいと、再三提議して、終《つい》に保守的な閣老のあらゆる躊躇に打ち勝つことが出来た。そして長崎奉行（岡部駿河守）が或る日のこと、政府が直ちに将軍の安在地で、面会したいと希望して居ること、及び此の地で学術的講習をして貰ひたいといふことを、私の父に発表した。是れ等の医師は、医学や自然科学に志した先駆者であつたが、私の父は此の招聘をむしろ、政治的のものと見る傾向があつた。江戸に於ける将軍の大官連との会談は、終に高等政策的性質をも帯びて居たから、父が斯る考へを持つのも無理ではなかつた。然し先づ最初には、西洋の学問を移入する為めに、此の主府へ呼び寄せようといふのが、友人達の意見であつた。

斯うして私達の田舎の別荘（鳴滝）は閉鎖され、クンサン（下見国吉）といふ老猟師の監理に任かされ、独逸《ドイツ》から連れて来た猟犬——是れは其の後ち、心の淋しさと絶望の余り死んでしまつた——と悲しい別れを惜しみつゝ横浜の先きの主府へ向つて、其の旅路に上つた。私の父の供をしたものに愛弟子の二宮周三（三瀬諸淵、シーボルトの孫女高子を娶る）といふ養子息子があつたが、彼は宇和島藩の士族で、堂々と二本刀を差して居た。私達は英国船に乗り込んで、（中略）私達は四月の初め、六日間の苦しい旅行の後ちに、横浜へ上陸した。（『シーボルトの最終日本紀行』一三七―一四一ページ）

一八六一年四月十九日（文久元年三月十日）に新しく開港された横浜につき、外国奉行竹内下野守保徳《やすのり》・桑山左衛門尉元柔《もとやす》と打合せをした。シーボルトは左のような書面を幕府の当局に呈した。

幕府当局へ書を呈してシーボルト招致を求む

（辛酉四月二十一日）千八百六十一年第五月二十七日横浜に於て、当時横浜に滞留せる江戸の外国奉行足下に呈す。

江戸政府の命にて長崎奉行より千八百六十年第十二月二十四日余に一書を送れり。其書中には学問及び其他の事件を余に質問せんが為め暫く日本に滞留すべき求めを記載せり。是を以て余其求を承諾し、且つ余は日本政府に忠勤を顕し及び要用なることの明解を為《なさ》んとする事を証せり。其後千八百六十一年第二月二十八日の書翰に由《よ》り、江戸政堂の命を以て長崎奉行よりの進めに従ひ、取敢へず長崎を出立し、第四月十九日此地に来着したり。余尚ほ暫く日本に滞留することを承諾せし時より、余は如何して日本政府の為めに忠勤をなさん哉《か》と、之れを熟慮せり。余先年永く此国に滞留したれば、日本の事実及び風習を明知し、又た余が此国に再び渡来せし以来、外国人との貿易及び条約を取結びたる外国人との諸関係を精細に探索考検し、又た大君政府に於て、諸外国人との交際、漸く困難に至るべしと思ひ、大に嘆息せし故、其貿易と交際とをして、日本の為めには成丈け利益を得せしめ、外国商人等には其目的を達せしめ、及び日本国内に於て安静和平を保存せしむる如く変革し処置するには如何して良からんやと、絶へず之れを専心考慮したり。

又た余は欧羅巴《ヨーロッパ》諸国の政体及び商賈《しょうこ》の事体をも明知し、且つ当時在位の公侯も多くは親しく其人を知れる故に、此事に於ては余が数年の経験と正直なる建議とあるを以て、日本政府に利益あるべし。余の考に従へば我が明解し及び建議すべきは次件のことなり。第一、外国人と貿易及び交通に関係する諸件。第二、輸出するに的当《てきとう》する乎《か》又は日本国内のみの用に供すべき日本産物を指示し及び発見する事（即ち医薬に用ゆる草木及び山産物等）。第三、日本並に欧羅巴の政体事件。第四、学問及び械器術又は耕種技芸の事件。第五、海軍を建立して之れを広大にし将校歩卒を取り立て国軍を立定するに関係する諸事件。但し此国軍は危難の時に当て其国を防禦《ぼうぎょ》する者なり。此諸件を余《わ》れ一身にて施行すること能はず。然れども余は此諸件に就て要とすべき明解をなし、及び此目的を達する為め緊用なる方法を指示し、而して余自らも為し得るだけは、其指示せし所の事を能く施行し、及び良き効験を顕すため助勢すべきは論を待たず。余が一身の事と上条の如く大君の政府に余が証する所の勤務とに就ては、大君も欧羅巴洲中の帝王の如く、善良且才智の聞へありと人の信ずる外国人を公然と隠《かく》すことなく其城中に呼び入れ、其宰相と事を商議せしむる当然の正理を持つなり。此を以て条約を取結びたる海外の諸国は公然と今日本政府は余れを呼びたることを知り、而して余が姓名を知り、及び余を尊敬する所の諸国は日本政府其未だ知らざる所の諸件に於て、余の明解と商議を望めることを以て満足すべし。余自ら此栄貴の招請に従ふは、余の十分、三十八年以来日本の事を知り又此地に数年在留し、且つ日本を甚《けなはだし》く好愛するを以てなり。此故に余は尚覆育《ふくいく》を要すべく妻と四少子を家に止め置きしと雖も、暫く此地に滞留する事に決意したり。今余が照明に由て出島に取建し和蘭の貿易会社あり。余は其評議役なれども、之れを辞し、又た其会社より絶へて役料をも受けず。又余此地に滞留する間は印度にある和蘭軍の首将たる役料も受ることとなし。是を以て大君政府此の公明なる余が説を宜しく勘考し、且つ次件の事を決定し給はんことを請ふ。第一、政府に於ては余が日本に歳月滞留するを欲するや。第二、余を使役するに如何なる約定又は役料或は賞金を賜はるや。第三、余滞留の間何れの所に住するや。余は既に六十五歳の年齢に至り、高位に登り、諸帝王より賜へる種々の胸牌を持ち、余の位階に従ひて此地に滞留し、及び本国に於て多くの家族を養育するを要する故、余の身体を程能く処置し給はらんことを、謹で日本政府に希望す。

余此書簡を足下に与へ深く足下に恭敬を表す。

従順にして忠実なる臣イハル、プハ、フホン、シーボルト

（東大シーボルト文書、呉博士の『シーボルト先生』乙ノ一四四—一四六ページ）

幕府の遣欧使節のために進言する

また幕府は先に約定した五港のうち江戸・兵庫・大坂等の開港の延期を求めるため、外国奉行竹内下野守（保徳）同松平石見守（康直）目附京極能登守（高朗）をヨーロッパ諸

国へ派遣することと、船の備入れその他についてシーボルトに訊ねた。シーボルトは左の如き注意を外国奉行宛に呈した。

(辛酉四月二十一日)千八百六十一年五月二十九日横浜にて、現今横浜に在る外国奉行足下に呈す。

昨日会話の時余に告げ給へる足下の需《もとめ》に応じ、余謹で足下等大君より使節の任を命ぜられ欧羅巴の各都府に使せる使節の職に関せる一法策を告知し、又其事に就て、余の考案と謀議を足下に述ぶ。第一、使節を送る可きの望みは唯仏蘭西《フランス》・英吉利《イギリス》より大君政府に述たりと雖も、政法に於て細慎《さいしん》に之を考ふれば、其使節を既に日本と条約を取結たる国々へも送るを可なりとす。第二、余以為《おもえ》らく、彼れ今一二外国の軍艦にて航海せんよりは、自国の舶或は雇ひたる舶にて行くを勝れりとす。第三、又余が思ふに政府にて蒸気船を雇ふ可しと。但し其船は郵船 原名マイルボート Mailboot 或は斯の如き航海に適せる他の蒸気船にても宜しかるべし。第四、蘇士《シュエス》を越てマルセイルレ仏蘭西南部の地名 Marseille に至れば、其航海最も迅速にして安全に、且つ容易なるべし。而して其行程大約五十五日を要すべし。則ち江戸より長崎に至るまで五日、其より上海に至るまで三日、其より香港に至るまで八日、其より錫蘭《セイロン》Point de Galle《ポイントデガルレ》まで十五日、其より亜丁《アンデン》まで十二日、其より蘇士まで六日、其より轍路にて阨日多《エジプト》を経て亜勒散《アレキザン》徳《デリー》に至る一日、馬児太《マルタ》を経て馬塞里《マルセイルレ》に至る五日なり。使節は尚彼是の地にて一日滞留すること有べし。故に此地より欧羅巴に至るまで多とも二ケ月にて十分ならん。第五、使節先づ第一何国の都府に赴く可き哉《か》の疑問生ずべし。余は以為《おもえ》らく仏蘭西帝城のある把里斯《パリス》なるべしと。其然る所以《ゆえん》は巴里斯は蘭《ロン》頓《ドン》より近きのみならず、其帝は位階に於ても英吉利王より貴ければなり。又日本政治に於て、殊に仏蘭西帝を後《のち》にせずして、其《それ》と親睦を保つを肝要の事とす。第六、マルセイルレより把里斯・蘭頓・海牙《ハーグ》(和蘭)・聖波得堡《シントペートルブユルグ》・別《ベル》林《リン》（孛漏生《プロイセン》）への旅行は、其使節を遣《や》るべき国々に、前以て其到着すべき時日を知らすれば、皆之を扶助すべし。里斯本《リサボン》（葡萄牙）は帰路に往くべし。アレキサンデリーよりマルセイルレへは使節蒸気船を雇ふべし。此事は其問あらば余又 詳《つまびらか》に之を説示すべし。第七、其趣く所の国都に於て使節の取扱ふ可き要件は、現今大君政府にて一々之れを商議し、其各件の差図を集めて、之れを一書に記し、使節に与へ置くべし。是れ各都府にて要件を取扱ふべき為なり。第八、又た大君より各国帝王に贈り給へる諸書翰を使節に与へ置くべし。但し其書中に使節の姓名・位階・差遣の主意並に其使節を十分信ずべき請求を載すべし。此種の書を名けてセレヂチフ Ceredietbrief 又レットル、デ、セレアウエ Lettres de Creance と云ふ。第九、又使節は政府の委任状を持つべし。則君主の会にて、其使節に政治に関する事件並其他の事件を執り行ふ可き全権を与ふる書なり。第十、此外使節は第七条に述る如き詳密なる令示書を請取べし。又此に在る諸国のミニストル及びコンシユルゼネラールの出したるペッセン Present《詳ならず》も須要なり。第十一、此第七・第八・第九・第十条に記せし事件は委しく告述する設けあり。第十二、使節の位階も種々差等ありて一ならず。方今大君より諸国帝王に送り給へる所の使節は、一般にアムバッサジウル Ambassadeur と称する第一等の位階たるを要す。又使節に同行せる他の高官の位階並称号を詳に記載すべし。第十三、政府にて若し使節死するか、或は病に罹《かか》り、或は免れ難き故障ある時、之に代りて事を執る者を予め定め置くべし。第十四、諸国都府にて必ず執り行ふべき要件、余の知れる如くにては甚だ緊要の事なり。之れ双方の事情を詳察明解し、其取扱ふべき諸件の事実を明瞭に理会《りかい》し、日本国の和平を保全して、使節の功を全くするに関係するなり。此故に欧羅巴の都府及び其政治を通知し、日本の事情を知り、使節を助けて、商議弁明し、及び外国の尊信を得たる者を使節に附属するを須要なりとす。斯の如き人は行旅中及び欧羅巴に滞留する間、使節に於て大小切要《せつよう》なるべし。又使節をして日本の為め切要なる事件に能く意を着せしむべし。又此の如く信任すべき人を伴ふ時は、多少緊要の諸事に就て、面会する所の諸外国人に、屢ゞ之れを問ひ或は相謀《はか》る労なかるべし。故に余足下をして敢て吾身に着意せしめんとす。蓋《けだ》し余は此後の取極めに従ひて、使節と欧羅巴に同行せんとする予備あるなり。第十五、使節は其行旅及び欧羅巴滞留の間だ、日本の為めに有要なる事件を知る為め、百日を備へざるべからざる由は、既に口上にて謹白したり。軍学・航海術・船造器械学・礦学《メインキユンデ》・諸学・諸術、及び技芸・耕作等の結構は悉く使節の意を留むるを要す。各都府にて日本使節の来れるを喜悦すべく、且つ其着意する諸件を観覧せしむべければ、諸都府に永く滞留することを要す。故に二十日乃至三十日の滞留も甚だ長しとせず。其君主及び其親眷《しんけん》は却て之を悦ぶべし。第十六、第一・第二・

第三・第四条中に述たる余の説を政府にて可なりとせば、此航旅に適せる蒸気船を得る為めの策を施すべし。近頃此地に来れるフィーリー・クロッス Firy Cross と云へる蒸気船あり。余良き手筋より聴くに、其様子佳にして、其駛《し》走《そう》も甚速《じんそく》なりと。此蒸気船は此地よりシユエス Suez まで航海する為めに雇ふことを得べし。若し然らざれば、上海と香港の間に往来せるプ、オP. O.会社の郵便一艘を雇ふを要す。政府にて之を欲する由を告げ給はゞ、余其事を周旋すべし。第十七、使節帰路に当ては、和蘭及び其他にて都合好き船あるべし。然れども使節自己の蒸気軍艦を予め和蘭に命じ置き、之れを以て帰航を為すこと甚だ良策なるべし。日本国にて将来其不羈《ふき》独立を保んとせば、政府必ず速に海軍を取建て、兵卒と国軍を編制することに注意すべし。右は事あるに当て能く敵襲を禦《ふせ》ぐ者なり。当今の国政は砲熕《ほうこう》兵卒を以て知慧正直よりも重しとす。嗚呼《ああ》我輩今此世に生れたるは実に嘆息すべきなり。今使節を欧羅巴に送るは唯西洋諸国との和平を保つ為めのみならず、又日本国の太平を保存し及び護衛する方法を其国により得る好機会となすべし。余政府の需《もとめ》あらば、此方法を詳《つまびらか》に説明せんと欲す、恐惶敬白。

プハ、エフ、フォン、シイボルト（東大シーボルト文書呉氏前掲書一四六―八ページ、箕作秋坪訳）

赤羽根接遇所における活動

シーボルトは六月十七日（五月十日）赤羽根接遇所 Palais von Akatane（今の東麻布一丁目）の宿所に移った。その使命は、わが書生・医者・士官等に医術・科学の講習に当り、兼ねて外交上・貿易上のことについて日本政府の顧問として当局の参考になる事を述べ、また忠告することであった。前記の三瀬周三は屢々シーボルトに従って通訳の任に当り、頗る有能であった。

当時、イギリス公使は高輪の東禅寺に、フランス公使は三田の済海寺に、オランダ公使は伊《い》皿子《さらご》の長応寺に、アメリカ公使は麻布の善福寺におり、これを四宿寺といった。水戸の浪士による東禅寺の焼打事件は七月五日（五月二十八日）の夜に起った。

英国公使館の襲撃以来、私の父は、屢々外交的、政治的事件にも干与し、外国係老中が、私の父の処に相談に来たことも稀れではなかつた。此の公使館襲撃によつて、英国が戦争の理由とすることが、出来るや否や、若くは、其の理由とするであらうかどうか、探知するのに、殊の外、悩んで居たらしい。然し、私の父は、此の点に関して、此の中に、安心の行く証言を、与へることが出来るものと信じて居た。或る日のこと、私の父は、御老中に儀式的に謁見することになつたが、是れは執政顧問官にして、其の長は安藤対馬守信正であつた。私の父は、堂々たる陸軍大佐の正装を身に附けて、駕籠《かご》に乗つて、行くことになつた。正装に附ける軍刀を、下僕に命じ、急いで研《と》がせたが、研ぐ者が軍刀の刃を折つてゐるといふ、不吉な事が起つて、警護の者は驚いて代つた。是れは非常に凶兆であると思つたので、所謂接待役の或る派

シーボルトが江戸を去るようになったわけ

遺員は、此の謁見《えつけん》を御中止になつたがよろしいと、極力私の父に奨めたが、私の父は、迷はされなかつた。此の軍刀の切れ端は、研いで鹿の猟刀に造り、私の父は最新式の短銃よりも、よく使ひこなせると思はれたので、二挺の決闘用の短銃を装塡した。（中略）

今度、私の父を迎へた安藤閣老も、其の二三週間後、お城から自分の屋敷へ帰館の途次、同じ様なことで、重傷を負ふた。（『シーボルトの最終日本紀行』一七四六ページ）

安藤閣老の坂下門外の遭難は文久二年（一八六二）正月十五日のことであるが、その刺客がもっていた斬奸《ざんかん》状に「先達而シイボルトと申醜夷に対し、日本之政務に携り呉候様相頼候儀も有レ之」とある。シーボルトはそれに先だって、文久元年十月十五日（一八六一年一一月一七日）横浜に去り「横浜ホテル」に止宿していた。シーボルトが幕府に信任せられるのをねたんで、内外人の間に彼をおとしいれようと策動するものもあった。オランダ総領事ドゥ＝ウィット de Wit の如きも、オラ

三瀬周三の逮捕事件

ンダ政府の保護すべき人を、危険な江戸におくわけにはいかぬとは、表面の口実で、内心はシーボルトを幕府からはなしたかった。シーボルトは、幕府の顧問を、にわかに解任せられたことに不満を感じ、江戸を去るに臨んで、七ヵ月間の勤務中、政府に建議し、学者に伝習し、東禅寺事件には大いに貢献したことを述べ、更に向う二年間日本に在留したいから、その間これまで通りの給料を賜わりたいと申入れた。更にシーボルトにとって心痛なことは彼の孫女の婿であり、彼の最も信頼する通弁でもあった周三が横浜から公辺に呼び出されて出頭したまま帰って来ないことであった。文久元年十二月十一日(一八六二年六月一二日)これについて老中へ歎願の書翰を呈した(呉博士『シーボルト先生』東大シーボルト文書第九十一号)。これに対し文久二年正月二十日、外国奉行より返翰があった。

以二書翰一申入候、貴国第一月十日附、我事務執政ゟ贈られし書簡中、其召遣周三之事に付云々申立らるゝといへども、右周三儀者、長崎発帆之砌、其身其分を偽《いつわ》り告《つげ》て、其許《そこもと》に随従し、江戸へ来るの後、帯刀せし事等不埒《ふらち》に付、其領主之邸第江召返せし事にて、夫々《それぞれ》刑科の軽重、其に筋於て吟味せざる事を得ざれば、其許之懇望に悖《もと》るは、我方に於ても快《こころよか》らざれども、前文之次第も亦我国法にて已《やむ》事を得ざれば、其段悪しからず諒察あられん事を請ふ。

（前掲東大シーボルト文書第九十七号）

五月十五日（一八六二年六月一二日）に伊予国大洲城主加藤出羽守家来より、三瀬周三を昨夕御奉行宅の入牢を免じ家来預りにしたと通知があった（東大シーボルト文書第九十九号）。

シーボルトは文久元年十二月二十二日（一八六二年一月二二日）長崎に帰った。長子アレキサンデルは、はからずも横浜でポルトガルの名誉領事をしているデント商会の代表者クラーク氏 Edward Clerk の世話で、英国公使館附日本語の特別通訳官に任命されて残ることとなったのである。

シーボルトの帰国

シーボルトは、長崎でオランダ東印度総督ファン＝デル＝ベール Baron Sloet van der Beele から、政庁における日本に関する外交事務の監督に任ずるから直ぐ帰来せよとの命令に接し、バタビヤに帰った。しかるに安政五年（一八五八）の条約の結果、日本に対する外交は、東印度総督の手からはなれて、本国の外務省に移管になったため、シーボルトはバタビヤから更に本国に帰って、政府の指揮を仰がねばならなかった。かくて彼はジャワからオランダに帰ったのは、一八六三年の二月（文久二年十二月の末）のことであった。

オランダにかえったシーボルトはライデン市及びハーグ市にあって、政府と交渉した。

総理大臣に書を呈し日本へ外交代表として赴任したいと申入れた

シーボルトが一八六三年（文久三年）二月十一日総理大臣トールベック Johan Rudolph Thorbeck に書翰を送り、オランダの代表者として、再び日本に赴きたいという希望をのべた。

書翰をもつて啓上致し候、陳者《のぶれば》、余は玆に別冊をもつて、閣下に日本の政治状態、並にこれが対策に関する意見書を差上げ候所以は、他日駐日和蘭代表者を御任命の際は、聊か《いささ》聖鑑《せいかん》を煩《わずらわ》さんと欲したき儀につき、予め閣下の御諒解を得度次第に御座候、

余が江戸在留中の成績につき、我が東印度総督は、昨年（一八六二年、文久二年）十月廿九日附を以て、余に与へられたる辞令の一節に於て「本総督はヨンクヘール、ベー、エフ、フォン、シーボルトが、日本より帰来の際上申せる報告書により、彼が常に和蘭国の利益と商業貿易発展の為め、乃至は、和蘭国に対する各国人の反感を絶無に為すべく努力せることを知り、深く満足

せる旨」を明記致し候、
また日本大君の老中は、一八六一年（文久元年）三月二日附を以て、余に送りたる書翰に於て、「貴下は、多年我が国に在留して、我が風俗習慣等を熟知せられ候へば、他日全権使節として御来朝相成らるゝこと有レ之候へば、我が政府の仕合に候故、喜んで歓迎致す儀に候、何となれば、貴下は多年の友愛関係上、必ずや我が帝国の為め、最善の援助を贈ることを確信致し候故に御座候」との記述有レ之候、
余はまた日本と条約を締結致し候、欧洲諸国の君主並にその代表者より、余が日本開国につき、微力を致し候ことは、大なる博愛の効果を齎《もたら》し候との謝辞を寄せられ候、如上の事実は、余が後日駐日和蘭代表者として、閣下の御留意に預る資格ある者と愚考致し候、
由来駐日和蘭代表者は、商業と貿易とに対し、不断の注意を払ふ者を要し候、

余は一八五九年（安政六年）より一八六二年（文久二年）迄日本に在留致し、その間、我が和蘭貿易の為め、はた又、日本工業発達の為め、多少力を尽し候、こは我が和蘭実業家の等しく認知致し居る次第に御座候、更らに余は、率先して日本の開国につき奔走致したる関係上、余が有する道徳は、将来も引き続き、日本の船舶及び商業の発達を援助し、美しき国に住む善良なる日本国民をして、静かに平和を享受せしむるに力《つと》むべき義務あることを命じ居り申候、

余はさきに和蘭商業会社の為め、長崎出島にその支店を設置することに参与し、また日本政府の命に応じて江戸に赴き候節は、専心我が和蘭の学術普及を念とし、旁《かたがた》日本政府と各国代表者との間に立ち、日本開国を平和の裏《うち》に遂行せしむることに斡旋致し候、この点も亦閣下の御考慮を希望致す次第に御座候、余はさきに、東印度総督よりバタビヤ政庁の専任日本外交官と為す

との辞令に接して帰任致し候、然るところ一八六二年（文久二年）七月二十三日の辞令第六十四号により、前記の命令は取り消され、更らに帰朝すべしとの指令により、茲になつかしき母国の山河に親しむの身と相成候、不日閣下の御引見に預り、対日卑見の詳細を開陳するの機会を得べく候へども、取り敢えず閣下の御諒解を得度、茲に別冊の意見書差上ぐる次第に御座候、

余は今週末を以て陛下に謁見仰せ付けらるべく確定致し候、終りに臨み、余は閣下の力を以て、保護致さるゝを感謝致し候、敬具、

コールバホテルにて　シーボルト

内閣総理大臣トルベック閣下

（コイペル博士『欧洲に於けるシーボルト先生』三五—三七ページ）

いろいろ運動をしたのであったが、結局シーボルトの希望がかなえられなかっ

た。それは反対派の人々の姦謀《かんぼう》によることがわかったから、彼はウィルレム陛下に謁見して、辞職のことを奏上し、一八六三年十月七日附で辞職が許され、年額四千フルデンの恩給が与えられた。

故国バイエルンに帰り、ウュルツブルグ市に隠退して、ヘレーネ夫人とともに楽しく余生をおくることとなった。同年十月七日（文久三年八月二十五日）、彼が六十七歳の時であった。

さてその後、郷里からパリーに出でて、ナポレオン三世に謁して進言しようと、その便をうるためにしばらく同市に滞在したが、パリーからミュンヘンに帰ってから、間もなく感冒にかかり、ついで血液中毒のため病おもり、「余は美しき平和の国にゆく」の最後の言葉をのこして永眠した。千八百六十六年（慶応二年）十月十八日、享年《きょうねん》正に七十年九ヵ月であった。陸軍大佐の格式をもって、ミュンヘンの「南の旧墓地」に葬むられた。

一八八二年（明治十五年）一月八日ウュルツブルグに記念の胸像が建てられ、その広場をシーボルト広場、それにつづく通りをシーボルト通り・新シーボルト通りと名づけた。

シーボルト記念像（ウュルツブルグ市）

シーボルトの子孫と遺品

シーボルトとヘレーネ夫人との間には、三男・二女、合わせて五人の子があった。

長男アレキサンデル

長男アレキサンデルはシーボルト再渡来の時父に伴われて日本に来て、そのまま日本に滞留し、在日英国公使館の通訳官となり、かたわらオーストリア公使館の通訳をなし、一八七〇年（明治三年）オーストリア皇帝より男爵をたまわり、また同年より日本政府の外務省に奉職し、ローマ・ベルリンの日本公使館書記官となり、一九一〇年（明治四十三年）日本官吏として在職四十年、勲二等瑞宝章をうけた。

次男ハインリッヒ

次男ハインリッヒも一八六九年（明治二年）日本に渡来し、兄アレキサンデルと同居し、一八七二年（明治五年）オーストリア公使館の書記官、一八九七年同国の上海領事となり、日本に在留三十年、一八九九年（明治三十二年）ヨーロッパに帰る。シーボルトの『日本』の再版は実にアレキサンデルとハインリッヒの協力による。ハインリッヒは一九〇八年（明治四十一年）八月十一日にチロールの傍らにあるフロイデンスタイン城で死んで、子がない。アレキサンデルは一九〇三年シーボルトの『最終日本紀行』Letzte Reise nach Japan をライプチヒで出版したが、一九一一年（明治四十四年）一月二十三日イタリアのペリにおいて死んだ。三女・一男、合わせて四人の子があったが、長男アレキサンデルは一九一八年（大正七年）四月第一次世界大戦で二十三歳で戦死した。

長女ヘレーネ

長女ヘレーネは男爵ウルム＝ツー＝エルバッハ Freiherr v. Ulm zu Erbach と結婚し、エルバッハ城に住居し、シーボルトの日本での蒐集品を多くうけついでいた。

次女マチルデ＝アポロニヤ

次女マチルデ＝アポロニヤはグスターフ＝フォン＝ブランデンスタインと結婚し、

ツェッペリン伯

三男マキシミリヤン

楠本いね

楠本いね

一男・一女をあげた。長男アレキサンデルは一九〇九年（明治四二年）飛行船発明家ツェッペリン伯の息女と結婚し、その後フォン＝ブランデンスタイン＝ツェッペリン伯 Graf von Brandenstein-Zeppelin と称した。

三男マキシミリヤンはオランダの士官となり、一八八七年ジャワのサマランで死んだ。

日本におけるシーボルトの子孫は、其扇《そのぎ》（お滝）との間に文政十年（一八二七）五月六日生れた伊禰《いね》（伊篤《いとく》、稲）があり、シーボルトが日本を去った時は二年八ヵ月であった。二宮敬作に托せられて成人し、母の生家の姓楠本を名乗った。米山種氏編の『故山脇多賀子に寄する』より自筆の履歴明細書を左に引用する。

長崎県長崎区銅座町五十五番戸

楠本イネ

齢五十七年七ケ月

一、弘化二年二月ヨリ嘉永四年九月マデ都合六年八ケ月備前岡山下ノ町医師石井宗軒ニ従ヒ産科医術修業仕候。

一、嘉永四年十月ヨリ安政元年九月マデ満三ケ年当区磨屋町寄留医師阿部魯庵ニ従ヒ前同断。

一、安政元年十一月ヨリ伊予国宇和島医師二宮如山ノ門ニ入産科術修業中同五年該人当区ニ罷越寄留仕候ニ付私儀モ一同帰郷、文久元年十月マデ都合七ケ年修業仕候。

一、安政六年以来明治二年マデ都合拾壱ケ年間当港出嶋在留ノ和蘭人ドクトル＝ポンペ氏及ビ同ドクトル＝ボードヱン氏、同ドクトル＝マンス氏ニ引続キ随従産科術修業仕候。

一、明治三年二月ヨリ同十年二月マデ都合八ケ年東京府京橋区築地壱番地ニ於テ産科医開業罷在候。

一、明治六年七月権典侍葉室光子殿御姙娠ノ節別紙写ノ通宮内省御用掛拝命仕候。

一、明治六年九月廿九日宮内省ニ於テ若宮様御降誕ノ節格別骨折候旨ヲ以金百円下シ賜候。

右之通相違無之候也。

明治十七年十一月廿日

楠本イネ ㊞

辞令写

楠本以禰

権典侍葉室光子姙娠ニ付御用掛リ申付候事。

明治六年七月三十一日

宮内省

山脇たか子

楠本いねは明治三十六年八月二十六日七十七歳で歿した。岡山の父の門人石井宗謙と結婚して一女たか子を生む。

たか子（貴子、多賀子）は十六歳の春伊予（愛媛県）大洲《おおす》の蘭学の大家三瀬周三と結婚、周三は明治になってから大阪北御堂に病院を経営していたが、明治十年十月十九日コレラ病にかかって死んだ。年三十九で、子がなかった。たか子は東京に出て、医師片桐重明と結婚し、その間に生れた周三が後に長崎の楠本家を嗣いだ。楠本周三は海軍軍医であったが、大正八年舞鶴にて死し、その子周篤《かねあつ》は東京都下昭島《あきしま》市福島町に住して医師である。

山脇たか子

母いね子はたか子を無理に長崎

によびもどし、改めてに佐賀県杵嶋《きねじま》郡公立柄崎《からさき》病院長山脇泰介と結婚させた。長男一《はじめ》（八ヵ月にて夭《よう》す）、長女たき（神谷家に嫁す）、次女種《たね》（米山家に嫁す、健在）の一男・二女をあげたが、結婚七年にして泰助に死別してからは、泰助の兄山脇玄のすすめるままに東京に移り、幼時から習い覚えた琴曲《きんきょく》に精進し、山田・生田《いくた》両流の奥義をきわめ、三味《さみ》・胡弓《こきゅう》にも通じ、権大教正に進み、多くの門人をもっていた。昭和十三年七月十八日八十八歳の天寿を全うして、唯一人の実子である世田谷の米山種方で永眠した。

一九三五年（昭和十年）、シーボルトのヨーロッパにおける唯一の孫ブランデンシュタイン＝ツェッペリン伯よりおくられた書翰の訳文を左にかかげる。

従姉上様《いとこあね》にはフィリップ・フランツ・シーボルトが孫中の最年長者とて、いとも懇篤なる御信書、並に和琴《わごん》演奏家としての御写真を賜はり、書面を以て深謝奉候。シーボルトが如何に日本を愛し、如何に日本の友人及び門下生を愛し居り

ツェッペリン家の家族

て、日本の国土並に日本学の研究に、其の生涯を献《ささ》げしかは、小弟等独逸側の子孫の悉知《しつち》する所に御座候。故に東京朝日を介して、東京にシーボルト記念展覧会が催され、且つ独逸国の一新聞の報じ候如く、従姉上様が其長孫として、祖父の生涯に就き放送なされ候由承り、いたく歓喜仕り申候、小弟は遺憾乍ら従姉上様の御言葉を解し兼ね候へ共、前以て此事有るを識《し》り居り候はゞ、御音声に接し得候ひしものをと名残り惜く候。小弟が母より習ひ憶《おぼ》え候は僅に「お早う」「どうぞ」などに過ぎず候。

小弟が全家族の写真を進呈仕度存候へ共既に独逸国中へ分散し居り、……小弟の一女は祖父の愛好なされ候花樹を好むの余《あまり》園芸家と相成申候、且つ数年前小弟等が一同同居仕り居候ころ撮影致し候写真師は、既に故人と相成り複製のすべもこれ無く候。従姉上様には何卒小弟が書面を通じ、小弟が感謝の意を表し、且つ御長寿と御隆昌を祈り候微志御くみとり下され度候。小弟はシーボルトが唯一の孫男として、同時に妻及び五子の名儀もて御挨拶申上候。

伯爵アレクサンデル・フォン・ブランデンスタイン・ツェッペリン

（昭和十年）五月十三日

山脇タカ様

侍史

（米山氏編『故山脇多賀子に寄する』より）

シーボルトの遺品・肖像・ヂプロマ・草稿・研究資料等一切は長男アレキサン

デルの長女エリカからベルリンの日本学会 Japan-Institut が買取った。一九二七年（昭和二年）のことである。わたくしがこの貴重なコレクションに接したのは一九二八年の九月であった。同学会主事トラウツ博士 Dr. F. M. Trautz の親切を今も忘れない。曽て主事として同会に在職された黒田源次博士の熱心なる斡旋により一九三四年（昭和九年）の春ベルリン日本学会長前駐日大使ウィルヘルム＝ゾルフ氏の好意によって、東京の日独文化協会が三百余点をあげて借り受けることとなった。到着した文献は東京大学図書館内の一室にこれを保管し、日本学術振興会及び啓明会より費用の補助を請い、入沢達吉博士を委員長に推し、各方面の専門学者に委嘱してそれぞれ分担の上、調査研究を開始し、翌十年四月二十日から二十九日まで日独文化協会・日本医史学会・東京科学博物館の合同主催で上野の科学博物館で「シーボルト資料展覧会」を開催した。この研究の結果は『シーボルト研究』となり、『施福多《シーボルト》先生文献聚英《しゅうえい》』及び『シーボルト文献蒐録』の刊行となり、ま

シーボルト展覧会記念写真

箭内健次
（二人おいて）
大久保利謙
入沢達吉
芦田伊人
大鳥蘭三郎
金田一京助
（一人おいて）
板沢武雄

（前ページにつづく）
武藤長蔵
米山　種（シーボルト曽孫）
山脇たか（シーボルト孫）
黒田源次
秋保安治

た文献の大部分はフォトスタートにとり、これを東洋文庫に寄贈した。『東洋文庫洋書分類目録』第六巻第十七門「日本」（一九五七年刊）にはこれをのせている。ベルリンの日本学会のその後の消息を聞知しないので、入沢博士の卓見と、こ

の時のシーボルト文献研究の、学界に対する貢献の偉大であったことを思うて、
ここにこのことを特記する次第である。

ヨーロッパにおけるシーボルトの子孫

- Jonkheer Philipp Franz von Siebold シーボルト (1796—1866)
- Helene Freiin von Gagern ヘレーネ (1820—1877)
  - 長男 Alexander Georg Gustav v. Siebold アレキサンデル (1846—1911)
  - Elisabeth, Gräfin von Haslingen gen. Schickfus エリザベット (1865—1898)
    - 長女 Erika Helene Henriette Wander Freiin v. Siebold エリカ (1890—1965)
    - 次女 Hildegard Mathilde Elisabeth v. Siebold ヒルデガルト (1891—1944)
    - 三女 Edith Alexandra Freiin V. Siebold エーディト (1892— ?)
    - 長男 Alexander Franz Heinrich Freiheer v. Siebold アレキサンデル＝フランツ (1896—1918)
  - 長女 Helene Olga Margarete Ida v. Siebold ヘレーネ (1848—1927)
  - 次女 Mathilde Apollonia v. Siebold マチルデ＝アポロニヤ (1850—1906)
  - Alexander v. Brandenstein アレキサンデル＝フォン＝ブランデンスタイン＝ツェッペリン伯 (1881—1949) Graf v. Brandenstein-Zeppelin
  - 次男 Heinrich Philipp v. Siebold ハインリッヒ (1852—1908)

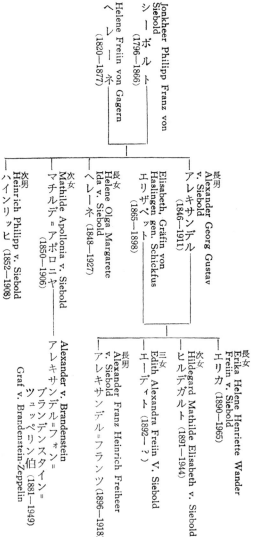

―三男 Maximilian August Constantin v. Siebold
―マキシミリヤン (1854―1887)

日本におけるシーボルトの子孫

シーボルト
其扇(お滝) 明治二、四、一二、六三歳
―楠本いね 明治三六、八、二六、七七歳

石井 宗謙 文久元、五、二三、六六歳
―たか(多賀、貴子) 昭和一三、七、一六、八八歳

三瀬 周三 明治一〇、一〇、一九、三九歳
片桐 重明
―楠本周三――周篤

山脇 泰助 明治一九、九、
―一
―たき(神谷卓雄に嫁す)
―種(米山恒章に嫁す)

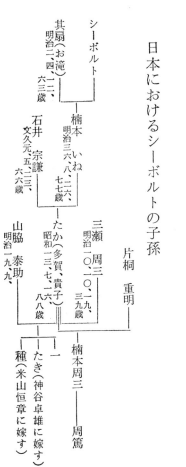

略年譜

（　）は太陰暦

年次	西暦	年齢	事歴	参考事項
寛政八	一七九六	一	二月一七日（一・九）バイエルンのウュルツブルグに生る	『江戸ハルマ』完成
文政三	一八二〇	二四	ウュルツブルグ大学を卒業	
五	一八二二	二六	七月二一日（六・四）蘭領東印度陸軍病院外科少佐に任命さる○九月二三日（八・九）オランダを出発ジャワに向う	
六	一八二三	二七	四月（三月初旬）バタビヤ着、ついで長崎出島商館の医員に任ぜらる○六月二八日（五・二〇）バタビヤ発、八月一一日（七・六）長崎着○（九月）其扇（楠本滝）をいれる	一二月二日、モンロー主義宣言
七	一八二四	二八	長崎郊外鳴滝に塾を開く	
九	一八二六	三〇	二月一五日（一・九）長崎発、商館長に従い江戸参府の途に上る、四月一〇日（三・三）江戸着○五月一八日（四・一二）江戸発、七月七日（六・三）長崎帰着	

一〇	一八二七	三一	(五・六)女楠本いね生る	
一一	一八二八	三二	九月一七日(八・九)暴風雨○シーボルト事件発生、(一〇・一〇)高橋作左衛門捕えらる○(一一・一〇)シーボルト調べらる	
一二	一八二九	三三	(九・二五)日本国禁(日本御構)申渡さる○一二月三〇日(一二・五)長崎出帆、日本を去る	
天保元	一八三〇	三四	一月二八日(一・四)バタビヤ着○三月五日(二・一一)バタビヤ発○七月七日(六・一〇)オランダに帰着○七月一七日、アントワープにおいて初めてホフマンに会う	(二・一六)高橋作左衛門獄死○パリーの七月革命
二	一八三一	三五	四月三〇日(三・九)蘭領東印度陸軍参謀部付を命ぜられ日本関係事務を嘱託さる	(五・二一)吉雄権之助歿○一月ロンドン議定書ベルギーの独立を承認す
三	一八三二	三六	Nippon 第一分冊出版	
四	一八三三	三七	Fauna Japonica 第一分冊出版	(二・二九)吉雄忠次郎歿○(三・二〇)水谷助六歿
六	一八三五	三九	Flora Japonica 第一分冊出版	
七	一八三六	四〇		(九・五)最上徳内歿

九	一八三八	四二		(六・七)湊長安歿○汽船始めて大西洋を渡航す
一〇	一八三九	四三		(一一・三)岡研介歿
一一	一八四〇	四四		アヘン戦争(——一八四二)
一三	一八四二	四六	一一月一七日、オランダ国王よりヨンクヘールの爵位を受く	
弘化元	一八四四	四八	オランダ国王日本の将軍に親書をおくり開国をすすむ。シーボルト右の書翰の起草にあずかる	(一二・六)間宮林蔵歿○(一二・六)桂川甫賢歿
二	一八四五	四九	七月一〇日、ヘレーネ=フォン=ガーゲルンと結婚	
三	一八四六	五〇	八月一七日、長男アレキサンデル生る	(六・二二)宇田川榕庵歿○(九・一三)高良斎歿
嘉永元	一八四八	五二	一月二四日、オランダ名誉大佐に任ぜらる	パリーの二月革命○カリフォルニアの金鉱発見
三	一八五〇	五四	Fauna Japonica の出版完成	(一〇・三〇)高野長英自殺
五	一八五二	五六	(一一・七)孫たか生る○四月、日蘭通商条約私案をオランダ植民大臣に呈上す○次男ハインリッヒ生る	ナポレオン三世(——一八七〇) (一〇・六)楢林宗建歿
六	一八五三	五七	一月九日、ロシア皇帝に招かれて露都にゆく○再び露都にゆく	○ロシア・トルコの開戦(——一八五六)○七月八日(六・三)

安政元	一八五四	五八	三月三一日、日本開国 Nippon の出版完成	ペルリ浦賀に来り大統領の国書を将軍に呈す○(七・一八)ロシアのプーチャチン長崎に来る(一・一六)ペルリ再び来る○三月三一日(三・三)ペルリと和親条約に調印し、下田・箱館の二港を開く
四	一八五七	六一		(八・五)ポンペ来朝
五	一八五八	六二	五月(四月)オランダ貿易会社のために長崎代理店設置計画案を作る○(七・一〇)日蘭通商条約成立、シーボルト追放令(国禁)解かる	(八・三〇)岡泰安歿
六	一八五九	六三	四月(三月)ボンを出発、四月一三日(三・一一)マルセイユ発、ジャワ経由、八月一四日(七・六)長崎着。本蓮寺内一乗院滞在	
万延元	一八六〇	六四	夏一乗院より鳴滝に移る○一二月二四日(一一・一三)幕府より質問すべきことあればとて暫く日本滞在を命ぜらる	
文久元	一八六一	六五	二月二八日(一・一九)幕府の招聘をうけ、四月一四	(五・二三)石井宗謙歿

			日(三・五)長崎発、海路四月一九日(三・一〇)横浜着、六月一七日(五・一〇)江戸赤羽根接遇所に入り、幕府の顧問として活動す○一〇月一七日(九・一三)幕府より解雇さる○一一月一七日(一〇・一五)江戸を退去、横浜にうつる○Open brieven uit Japan 出島にて出版	
二	一八六二	六六	一月二二日(一二・二二)長崎に帰着○(三月)長崎を退去、バタビヤ経由オランダに帰着	(三・一二)二宮敬作歿
三	一八六三	六七	一〇月七日(八・二五)オランダの官職を辞し、ウュルッブルグに帰る	(六・一七)箕作阮甫歿
慶応二	一八六六	七〇	一〇月一八日(九・一〇)ミュンヘンにおいて歿す	
明治二	一八六九		五月二三日(四・一二)其扇(楠本滝)歿す(六三歳)	
三	一八七〇		**Flora Japonica** の出版完成	
九	一八七六			一月二九日、戸塚静海歿
一〇	一八七七		三月一日、ヘレーネ夫人歿す	一〇月一九日、三瀬周三歿
一二	一八七九		三月、長崎諏訪公園内に施福多君記念碑建つ	
二九	一八九六		二月一七日、東京において誕生百年記念会催され、記念出版として呉秀三著『シーボルト』出版	

三〇	一八九七		三月、長崎鳴滝宅址に建碑○誕生百年記念として、**Nippon** 縮刷再版ウュルツブルグにて出版	一月、伊藤圭介歿
三六	一九〇三		八月二六日、女楠本いね歿す（七七歳）	
大正一三	一九二四		四月二七日、長崎鳴滝宅址において渡来百年記念式典挙行、同所に胸像建設。記念講演会・展覧会開催	
一五	一九二六		呉秀三著『シーボルト先生其生涯及功業』出版	
昭和三	一九二八		**Nippon** 複刻本ベルリン日本学会より出版	
九	一九三四		五月、日本学会所蔵シーボルト文献を日独文化協会によりて将来せらる	
一〇	一九三五		四月二〇日――五月二日、東京科学博物館にてシーボルト資料展覧会開催	

シーボルト関係参考文献

『シーボルト研究』に大久保利謙氏の「日本に於けるシーボルト書目」があって、昭和十三年までの単行本・雑誌新聞掲載の文献を集めているから詳しくはそれを見られたい。

『シーボルト先生其生涯及功業』　一冊　呉秀三著　大正十五年刊
四六倍判、千六百余ページの大著。
『シーボルト江戸参府紀行』　一冊　呉秀三訳註　昭和三年刊
『異国叢書』の一冊。
『シーボルト日本交通貿易史』　一冊　呉秀三訳註　昭和四年刊
『異国叢書』の一冊。
『シーボルト先生渡来百年記念論文集』　一冊　大正十三年刊
一、序　文　堀内秀太郎

二、シーボルト先生略年譜　武藤長蔵
三、医学者としてのシーボルト　呉秀三
四、シーボルト博士より日本学生に送りし書翰　フェンストラ＝コイペル
五、シーボルトと福岡藩人　伊東尾四郎
六、欧洲に於けるシーボルト先生　フェンストラ＝コイペル
七、シーボルト採集日本産柑橘標本に就きて　田中長三郎
八、シーボルト渡来の目的と日本に於ける交友　村上直次郎
九、我国最初の商業学校創立計画者シーボルト　武藤長蔵
一〇、シーボルト先生の大阪芝居見物　白井光太郎
一一、シーボルト先生孫女山脇タカ刀自談　永山時英筆記
『シーボルトの最終日本紀行』　一冊　小沢敏夫訳註　昭和六年刊
『日独文化講演集』　第九輯　シーボルト記念号　昭和十年十月刊
一、日欧交通史に関する文献としてのシーボルトの著述　武藤長蔵
二、シーボルトの文久元年の日記に就いて　黒田源次

三、シーボルトとアイヌ語学　金田一京助
四、シーボルト植物分類学　本田正次
五、欧洲に於ける日本学建設者としてのシーボルト　板沢武雄

『シーボルト研究』　一冊　日独文化協会　昭和十三年刊

序　入沢達吉
シーボルト略年譜
言語学史上におけるシーボルト先生　新村出
大全早引節用集　入沢達吉
鳴滝塾　黒田源次
門人がシーボルトに提供したる蘭語論文の研究　緒方富雄
大鳥蘭三郎
大久保利謙
箭内健次
シーボルトの第一回渡来の使命と彼の日本研究特に日蘭貿易の検討について　板沢武雄

シーボルト先生のアイヌ語研究　黒田源次
シーボルト先生とアイヌ語学　金田一京助
シーボルト作成の地図　蘆田伊人　箭内健次
シーボルトと日本に於ける西洋医学　大鳥蘭三郎
Plantae Sieboldianae A Reviewed Enumeration of the Japanese Plants Collected and Described by Dr. Ph. Fr. von Siebold.　Masazi Honda
シーボルトと動物学　小野嘉明
シーボルトと本邦の鯨　小川鼎三
日本学会所蔵筆者不明の昆虫類の和名・独名学名対照表　古川晴男
日本に於けるシーボルト書目　大久保利謙

第四刷補訂記

本書について竹内精一教授より、ハンス＝ケルナーの新研究『ヴュルツブルクのシーボルト家、十八・十九世紀の学者一家』にもとづく訂正や追補ならびに、語学者としての立場から、語学上の表記について多くの修正意見をいただいた。

その主要部分については、「日本歴史」二五四号に研究余録として掲載されている。なお同氏はその後にも多くの意見をよせられた。

学会としては、著者がすでに故人となって居られるので、御遺族の諒承を得たうえ、編集者としての立場から、著者の直門である片桐一男氏に依嘱し、竹内教授の正誤を慎重に検討し、第四刷においてシーボルト夫人の写真の入れ替えをはじめ、種々の訂正を加え、また新研究を読者に紹介する意味で巻末に増補を行なった。

ただ語学者である竹内氏が示された語学的指摘については、明らかなあやまりを除き、従来学界において通用されて来た翻訳上の表記はそのままとした。
竹内教授の熱心な御指摘に対し、また一つ一つ原典に当るなど非常な労力をついやして検討して下さった片桐氏に対し深く感謝する次第である。

昭和四十七年七月十日

日本歴史学会

付表（補遺）

本文一七六―一八〇ページに、シーボルトが推されたヨーロッパ諸学会会員等および各国から受けた勲章の表があるが、竹内教授より、ケルナーの新しい研究にもとづいて追加・訂正を加え、年代順に配列した表を提供されたので、読者の便を計ってここに付載する。

＊一七六―一七八ページ

一八二〇年　ヴュルツブルク大学より医学博士
一八二二年　フランクフルト、アム、マイン。ゼンケンベルク自然研究協会正会員
　　　　　　帝室レオポルト、カロリーネ自然研究者学士院会員
一八二三年　ハーナウ。ヴェターラウ地方全博物学協会正会員
一八二七年　バタヴィア。バタヴィア芸術、科学協会正会員
一八三一年　ロンドン、王立協会正会員
一八五九年　ライデン、ネーデルランド文学協会会員
一八六〇年　アントワープ。植物学者協会名誉会員
　　　　　　ハーグ、印度協会名誉会員
一八六四年　パリ。東洋、アメリカ土俗学協会名誉会員
　　　　　　シュヴァインフルト博物学協会会員
　　　　　　聖ペータースブルク。ロシア造園協会会員

一八六五年　パリ。帝室風土順化動物学協会名誉会員
アンジェ。メーヌ、エ、ロワール県リンネ協会会員
ヴュルツブルク。フランケン園芸協会名誉会員
サウス、ケンシングトン。王立園芸協会名誉会員
ベルン。スイス園芸協会会員
シュツトガルト。ヴュルテムベルク花卉栽培、及び造園協会在外会員
ヘント王立農業及び植物学協会会員
ブリュッセル、ベルギー王立協会会員
ブリュッセル、王立リンネ協会会員

＊一七九ー一八〇ページ

（勲　章）

一八三一年　オランダ、ライオン民間有功勲章騎士章
オランダ、ハセルト十字勲章
一八三二年　バイエルン王冠功労勲章騎士章
一八三四年　ロシア、第四級聖ウラジミル勲章
一八四一年　プロイセン第三級赤鷲勲章
一八四三年　フランス、レジョン、ド、ヌール勲章

（騎士章）

一八四四年　オランダ、在職二十年表功章
一八四七年　スウェーデン、北極星勲章騎士章
　　　　　　オランダ、士官在職二十五年表功章
一八五二年　ルクセムブルク・オランダ、柏王冠勲章コマンデール十字章
　　　　　　ロシア、第二級聖アンナ宝石勲章
一八五三年　ロシア、第三級ウラジミル勲章
　　　　　　デンマルク、ダネブローグ十字勲章コマンデール章
　　　　　　プロイセン、無柏葉第二級赤鷲勲章
　　　　　　オーストリア、フランツ、ヨーセフ勲章騎士十字章
一八五五年　ヴュルテムベルク、王冠勲章騎士十字章
一八五七年　オランダ、士官在職三十五年表功章
一八五九年　ベルギー、レオポル勲章コマンデール章
一八六一年　徳川将軍より儀式太刀と二三巻の錦繝
一八六五年　フランス、レジョン、ドヌール勲章士官章

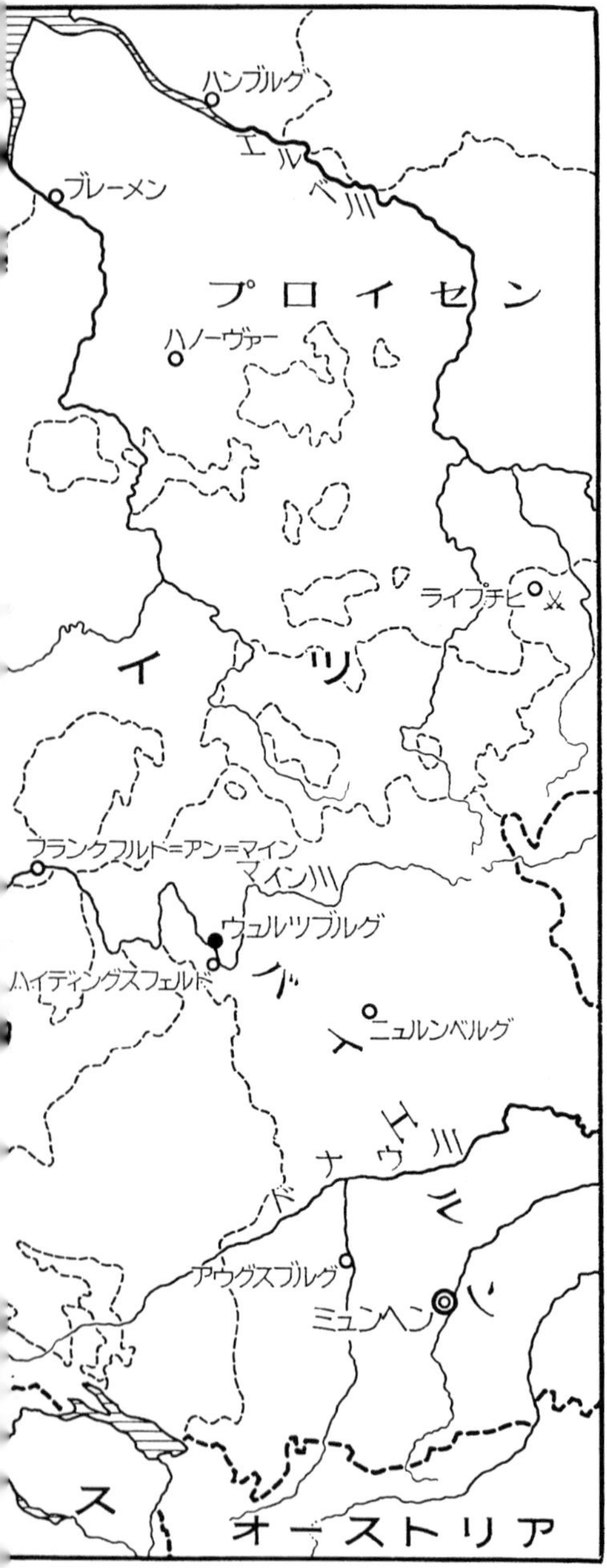

シーボルト関係オランダドイツ地図

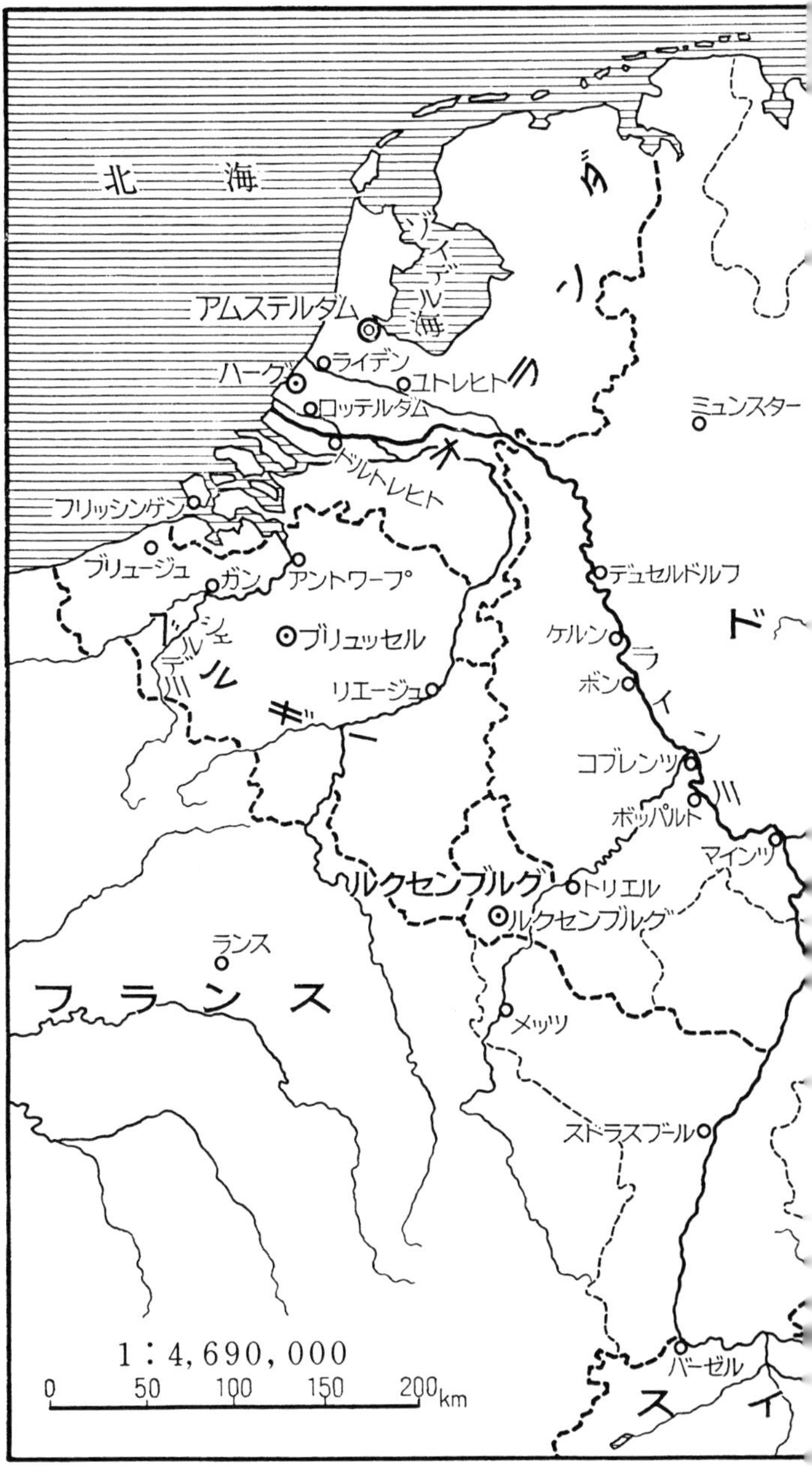
北海
ゾイデル海
アムステルダム
ハーグ
ライデン
ユトレヒト
ロッテルダム
ドルトレヒト
ミュンスター
フリッシンゲン
ブリュージュ
ガン
アントワープ
ブリュッセル
シェルデ川
ベルギー
リエージュ
デュセルドルフ
ケルン
ボン
ライン川
コブレンツ
ボッパルト
マインツ
ルクセンブルグ
トリエル
ルクセンブルグ
ランス
フランス
メッツ
ストラスブール
バーゼル
ド
スイ
1：4,690,000
0 50 100 150 200km

著者略歴

明治二十八年生れ
大正八年東京帝国大学文科大学史学科国史学専攻卒業
宮内省図書寮編修官補、学習院教授、東京帝国大学教授、法政大学教授等を歴任、文学博士
昭和三十七年没

主要著書
阿蘭陀風説書の研究　蘭学の発達　日蘭貿易史
日蘭文化交渉史の研究

人物叢書　新装版

シーボルト

一九六〇年（昭和三十五）五月二十日　第一版第一刷発行
一九八八年（昭和六十三）四月　一　日　新装版第一刷発行
二〇〇六年（平成十八）十月　十　日　新装版第五刷発行

著　者　板《いた》沢《ざわ》武《たけ》雄《お》

編集者　日本歴史学会
　　　　代表者　平野邦雄

発行者　前田求恭

発行所　株式会社 吉川弘文館
東京都文京区本郷七丁目二番八号
郵便番号一一三―〇〇三三
電話〇三―三八一三―九一五一〈代表〉
振替口座〇〇一〇〇―五―二四四
http://www.yoshikawa-k.co.jp/

印刷＝株式会社 平文社
製本＝ナショナル製本協同組合

『人物叢書』（新装版）刊行のことば

人物叢書は、個人が埋没された歴史書が盛行した時代に、「歴史を動かすものは人間である。個人の伝記が明らかにされないで、歴史の叙述は完全であり得ない」という信念のもとに、専門学者に執筆を依頼し、日本歴史学会が編集し、吉川弘文館が刊行した一大伝記集である。

幸いに読書界の支持を得て、百冊刊行の折には菊池寛賞を授けられる栄誉に浴した。

しかし発行以来すでに四半世紀を経過し、長期品切れ本が増加し、読書界の要望にそい得ない状態にもなったので、この際既刊本の体裁を一新して再編成し、定期的に配本できるような方策をとることにした。既刊本は一八四冊であるが、まだ未刊である重要人物の伝記についても鋭意刊行を進める方針であり、その体裁も新形式をとることとした。

こうして刊行当初の精神に思いを致し、人物叢書を蘇らせようとするのが、今回の企図である。大方のご支援を得ることができれば幸せである。

昭和六十年五月

日本歴史学会

代表者 坂本太郎

〈オンデマンド版〉
シーボルト

人物叢書　新装版

2021年（令和3）10月1日　発行

著　者　板《いた》沢《ざわ》武《たけ》雄《お》
編集者　日本歴史学会
代表者　藤田　覚
発行者　吉川道郎
発行所　株式会社　吉川弘文館
〒113-0033　東京都文京区本郷7丁目2番8号
TEL　03-3813-9151〈代表〉
URL　http://www.yoshikawa-k.co.jp/
印刷・製本　大日本印刷株式会社

板沢武雄（1895～1962）

ISBN978-4-642-75113-1